나의 목표

| 시작한 날 | | | | 년 | | 월 | | 일 |
| 마지막 날 | | | | 년 | | 월 | | 일 |

하루 공부를 마치고
포도알을 색칠해 보자!

1일 1주제 9분 만에 끝내는
119 영어

초판 1쇄 발행 2025년 12월 30일

지은이 이지형

펴낸이 윤주용
편집 도은주, 류정화 | 마케팅 조명구 | 홍보 박미나
외주편집 장기영, 박미선

펴낸곳 초록비책공방
출판등록 2013년 4월 25일 제2013-000130
주소 서울시 마포구 동교로27길 53 308호
전화 0505-566-5522 | 팩스 02-6008-1777

메일 greenrainbooks@naver.com
인스타 @greenrainbooks @greenrain_1318
블로그 http://blog.naver.com/greenrainbooks

ISBN 979-11-24126-06-6 (44080)
       979-11-24126-02-8 (세트)

어려운 것은 쉽게 쉬운 것은 깊게 깊은 것은 유쾌하게

초록비책공방은 여러분의 소중한 의견을 기다리고 있습니다.

원고 투고, 오탈자 제보, 제휴 제안은 greenrainbooks@naver.com으로 보내주세요.

1일 1주제 9분 만에
끝내는
영어

50일 완성

이지형 지음

초록비책공방

119 시리즈 만점 활용법

119 시리즈는 하루 9분, 하나의 주제로 공부 습관을 만드는 책이야. 교실에서 아이들과 함께해 온 현장 선생님들이 직접 쓴 책이라서 너희가 꼭 알아야 할 개념과 생각하는 방법을 쉽고 정확하게 알려줄 거야. 이 책을 더 잘 활용할 수 있는 방법을 소개할게.

1. 하루 한 꼭지, 9분만 집중해 볼까?

119 시리즈는 '읽기→생각하기→정리하기' 순서로 이어져 있어. 먼저 질문으로 호기심을 열어주고 이어지는 짧은 이야기와 설명을 통해 자연스럽게 개념을 익힐 수 있지. 하루 2~4페이지 분량이라 부담 없고 꾸준히 하기에 딱 좋아.

2. 교과와 연결된 핵심 키워드를 꼭 잡아 두기

각 꼭지는 학교에서 배우는 단원과 연결되어 있고, 교과서 개념과 직접 연결된 학습 키워드를 중심으로 이루어져 있어. '왜 이걸 배우는지', '교과에서 어디와 연결되는지'를 자연스럽게 이해할 수 있지. 학교 수업과 함께 보면 훨씬 더 깊게 이해되고 복습 효과도 좋아.

3. 배운 내용을 '나만의 말'로 정리해 보기

이 책은 단순히 외우는 공부보다 생각 흐름을 따라 개념을 이해하도록 되어 있어. 본문 중간에 나오는 질문에 스스로 답해 보면 "아, 나는 이렇게 이해했구나!" 하고 정리가 돼. 이런 과정은 바로 논술형 평가에서 필요한 사고력으로 이어져.

4. <실력 쑥쑥 119>로 바로 복습하기

각 꼭지 바로 뒤에는 <실력 쑥쑥 119> 문제가 있어. 오늘 배운 내용을 잘 이해했는지 스스로 확인할 수 있고 중요한 개념만 다시 한 번 떠올릴 수 있어서 공부 효과가 훨씬 커져.

5. <더 알아보기 119>로 배움을 확장하기

선생님이 직접 고른 책·영상·사이트가 매 꼭지마다 소개되어 있어. 궁금한 내용을 조금 더 깊게 알고 싶거나 호기심이 생긴 부분이 있다면 여기 있는 자료들을 통해 탐구를 이어가 봐. 스스로 공부를 확장하는 힘을 자연스럽게 기를 수 있어.

6. <진로 119> 코너로 배움과 미래를 연결해 보기

각 챕터 끝에는 <진로 119> 코너가 있어. 오늘 배운 내용이 어떤 직업과 연결되는지 알려주고 내가 좋아할 만한 분야가 무엇인지 생각해 볼 수 있어. 공부와 진로를 따로 떼어 놓지 않고 자연스럽게 이어주는 구성이야.

7. 매일 9분, 꾸준함이 진짜 실력이야

하루 9분은 짧아 보이지만 매일 쌓이면 사고력·문해력·기초 개념·교과 이해도가 놀랍게 자라게 돼. 119 시리즈와 함께 익숙한 교과 내용을 새로운 이야기와 질문으로 만나다 보면 자기만의 공부 루틴이 단단하게 자리 잡을 거야.

머리말

영어 공부에도 전략이 필요해

중학교 영어, 뭐가 달라졌지?

2022 개정 교육과정이 도입되면서 중등 교육에 많은 변화가 오고 있어. 중학교 영어 교과에도 세 가지 변화가 있단다.

첫째, 외국어 영역의 구분이 달라졌어. 2015 교육과정은 듣기, 말하기, 읽기, 쓰기의 4대 영역이었어. 이 4대 영역이 2022 개정 교육과정에서는 '이해reception'와 '표현production'이라는 두 영역으로 통합되었지. '이해'는 '듣기, 읽기, 보기'를 통해 영어 *input*을 받아들이는 영역을 뜻해. '표현'은 '말하기, 쓰기, 제시하기'로 영어 *output*을 만들어 내는 영역이야. 즉 2022 중학교 영어 개정 교육과정은 영어로 제시된 정보를 익힌 다음, 자기 생각을 창의적인 영어로 표현하는 것을 목표로 하고 있어. 흥미로운 점은 글뿐만 아니라 이미지와 동영상도 '이해' 영역에 포함시켰다는 거야. 이는 인터넷, 스마트폰 등 디지털 기술 발달이 영어 습득에 미치는 영향을 반영한 변화라고 할 수 있어.

둘째, 평가 방법의 변화야. 결과에만 초점을 맞추던 기존의 평가 방식과 달리 과정과 결과를 모두 중시하는 걸로 바뀌었어. 이 때문에 획일적인 평가가 아닌 맞춤형 평가가 이루어질 거라 예상되는 상황이야. 다시 말해 학생들의 다양한 특성과 영어 수준을 고려한 평가가 시행될 거라 기대된다는 거지. 영어 실력이 다소 부족한 상태에서 중학교 1학년을 시작했더라도 노력하는 과정까지 평가에 반영한다면, 영어를 공부할 의욕이 더 커질 거고 자연스럽게 영어 실력도 늘지 않을까?

셋째, 교과서 형태의 변화야. 디지털 교과서를 도입해 학생들이 영어를 디지털 환경에서 습득할 수 있게 하겠다는 계획이지. 의도한 효과를 얻으려면 디지털 환경에 잘 어울리는 영어 학습 콘텐츠도 함께 준비해야 할 거야. AI 기술이 빠르게 발전하고 있는 만큼, 이를 적절히 활용해서 학생들의 말과 글에 즉각적으로 피드백해 주는 프로그램이 개발된다면 가장 좋을 것 같아. 새로운 기술을 이렇게 활용할 수 있다면 교실 밖에서 영어로 소통할 기회가 거의 없는 한국의 EFL_{English as a Foreign Language} 환경에서도 다채로운 영어 소통 기회를 얻을 수 있을 거야. 학생들이 영어로 작성한 글을 챗GPT나 재미나이Gemini 같은 AI가 즉시 고쳐 준다면 영어 공부가 정말 재미있어지겠지?

2022 개정 교육과정에 부합하는 효과적이고 현실적인 영어 공부

AI를 활용한 이상적인 영어 학습이 교실에서 진행되더라도 기본적인 영어 단어는 여전히 스스로 익혀야 해. 2022 개정 교육과정에 따르면 초등학교 교과서에는 800개 기본 영어 어휘가 사용되고, 중학교 과정에는 약 1,200개의 영어 어휘가 기본적으로 사용될 거야. 서울대 영어교육학과 이병민 교수님의 『서울대 석학이 알려 주는 자녀교육법: 영어』에 따르면 대략 7,000여 개의 영어 단어를 알아야 수능 영어에 등장하는 어휘 대부분의 뜻을 파악할 수 있대. 결국 2022 개정 교육과정에서도 중고등 영어와 수능 영어에 대비하려면 어휘 공부가 여전히 중요하다는 뜻이지.

그렇다면 어떻게 해야 영어 어휘를 효과적으로 익힐 수 있을까? 예문 없이 단어를 기계적으로 암기하는 것은 당장은 많이 익히는 것처럼 보일지 모르지만 나중에는 남는 게 없는 '속빈 강정' 같은 학습법이 될 수 있어. 새로운 어휘는 문장과 함께 익혀야 오래 기억되기 때문이지. '사연이 있는 단어' 또는 '문맥 속 단어word in context'를 최대한 많이 만나는 것이 어휘를 익히는 최선의 학습법이야. 이병민 교수님은 한 단어를 문장에서 사용할 수 있을 정도까지 익히려면, 그 '단어를 글에서 우연히 여러 번 접해야 한다.'고 강조하셨어. 즉 여러 다른 문장에서 단어를 자주 만나야 실제 활용할 수 있는 단어가 된다는 말이지. 그런 사연이 있는 단어를 '다른 맥락에서 여섯 번 정도 듣거나 읽으면 기억된다.'고 해. 이 책의 어휘 파트는 이런 어휘 학습의 원리를 충실히 적용해서 정리했어.

이 책에 등장하는 어휘들은 처음에는 한글 뜻과 유의어로 만나고, 그다음에는 시험 문제 예문과 영영풀이를 통해 다시 한번 만날 거야. '약간의 시차를 두고 우연히' 단어를 만나게 하기 위해 독해 지문에서는 앞에서 공부한 단어를 다시 만나도록 구성했어. 이 책은 이렇게 이병민 교수님의 학습 원리를 최대한 반영해서 한 단어를 여러 맥락에서 자주 만날 수 있게 함으로써 어휘 학습의 효율을 높이려고 노력했단다.

2022 개정 교육과정은 영어를 소통의 수단으로 습득하고 평가할 수 있게 설계되어 있어. 하지만 중학교 영어 시험에는 여전히 영어 문법 문제도 나오고 있지. 따라서 현실적으로 중학교에서도 기본 영어 문법을 함께 익혀야 해. 그렇지만 문법도 단순 암기식 학습은 그다지 효율적이지 못해. 사연 없는 외톨이 단어가 기억에 남지 않듯이 이해하지 못하고 암기한 문법은 곧 잊히기 때문이야. 따라서 문법은 독해 실력을 바탕으로 문법의 핵심 내용을 이해하는 방식으로 익혀야 해. 이 책의 1, 2부에

서는 중학교 과정에 필요한 핵심 영어 문법을 독해를 바탕으로 제시하고 있어. 너희들이 쉽게 따라올 수 있도록 최대한 재미있는 설명으로 문법 포인트를 풀어냈단다. 어서 빨리 공부하고 싶지 않니?

중학교 영어 지필 시험 대비

2022 개정 교육과정으로 운영되고 있는 중학교 영어는 전보다 영어의 언어적 측면에 더 큰 비중을 두고 있어. 하지만 지필 시험에서는 어휘와 문법 문제가 여전히 많이 출제되지. 따라서 언어적 영역인 듣기, 말하기, 쓰기, 읽기와 함께 전통적인 평가 영역인 문법과 어휘 실력을 함께 키워야 해. 그래야 중학교와 고등학교에서 좋은 영어 점수를 받을 수 있어. 이 책에서는 학교에서 실제로 이루어지고 있는 영어 평가에 현실에 맞는 영어 학습법을 제시할 거야.

이 책으로 공부하면 중학교 영어 시험을 철저히 대비할 수 있도록 준비했어. 초등 고학년생과 중학생은 영어 문법 때문에 가장 고생을 하지. 그래서 이 책에는 핵심 영어 문법 14주제를 엄선해서 넣었어.

1~2부 문법 파트에서 중학교 과정 핵심 문법을 쉽게 이해할 수 있도록 설명할 거야. 너희가 가장 어려워하는 핵심 문법에 대해 친절하게 설명한 다음, 바로 이어서 실제 중학교 영어 시험에 자주 나오는 문제를 풀면서 공부한 내용을 바로 적용해 보도록 구성했어. 이렇게 연습해야 머리로만 문법을 이해하는 것을 넘어, 실제 시험 문제를 풀 수 있는 능력도 길러지거든.

3부에는 중학교 영어 과정을 배울 때 필요한 핵심 어휘 약 220개를 정리해서 자동 암기가 되도록 구성해 놓았어. 2022 개정 교육과정 지침에 따르면 중학교 동안 1,200개의 영어 단어를 학습해야 하지. 이 책에서는 이들 단어 중 너희가 가장 어려워 하는 고급 어휘들을 골라서 자동으로 암기되도록 학습 순서를 구성했어. 매일 16개의 핵심 어휘를 총 14일 학습하면서 220개 이상의 고급 단어를 익히게 될 거야. 먼저 단어마다 제공된 예문을 읽고 나서 영영풀이, 유의어, 반의어 문제를 풀다 보면 단어가 자연스럽게 암기될 거야. 또 중학교 영어 시험에 출제되는 어휘 문제 풀이를 통해 실제 시험 문제를 푸는 능력도 키울 수 있도록 했어. 또 3부에서 공부한 핵심 단어들을 4부의 독해 지문에서 다시 만나도록 했지. 이렇게 여러 맥락에서 핵심 어휘를 계속 만나게 해서 말하기와 쓰기에도 활용할 수 있도록 입체적으로 구성해 놓았어.

4부는 독해 파트야. 중학교 교과서에서 배우는 주제들로 구성된 14개의 *Reading* 지문을 정리해 놓았어. 매 지문에는 3부에서 익힌 어휘가 들어 있고, *reading comprehension* 문제도 함께 실려 있어. 이들 문제도 학교 시험에 대비할 수 있도록 구성되어 있지. 독해 속도를 높여 주는 '직독직해' 방식의 해석 훈련도 할 거야. 문장을 앞에서부터 뒤로 순서대로 해석하는 직독직해 훈련을 하다 보면 영어 지문을 정확하고 빠르게 파악하는 능력을 기를 수 있어. 또 지문에 포함된 문법의 중요 포인트도 다시 한번 설명할 거야. 그러면 1~2부에서 공부한 핵심 문법을 확실하게 이해할 수 있겠지?

중학교 서술형 문제와 수행평가 대비

마지막 5부에서는 학교에서 영어 시험을 볼 때 가장 부담스러운 서술형 문제를 연습할 거야. 선다형 문법 문제와 달리 서술형 문제는 영어 쓰기 실력이 필요하니까 이에 대비한 별도의 연습을 해야 하지. 이미 학습한 핵심 문법 포인트를 *writing*과 연계해서 서술형 문제를 풀 수 있도록 훈련하게 될 거야. 나아가 영어 점수에서 상당한 비중을 차지하는 영어 수행평가에 대한 대비법도 소개할게. 중학교 수행평가는 주로 특정 주제에 대해 1분간 발표하는 형식으로 이루어져 있어. 이에 대비하려면 영어 발표의 도입, 본론, 결론에 사용되는 기본 템플릿을 공부해야 해. 또 영어 지문을 요약해서 발표하는 형식의 수행평가에 대한 연습 문제도 실려 있어. 지문 내용을 다른 영어 표현으로 바꾸는 *paraphrasing* 연습을 할 텐데, 이 연습이 말하기와 쓰기 수행평가는 물론 독해 문제 풀이에도 큰 도움이 될 거야. 학교에서 보는 시험의 정답은 영어 지문의 내용을 다르게 표현해 놓은 경우가 많기 때문이지.

유치원부터 초등학교까지 익힌 영어로 중학교에서 좋은 점수를 받으려면 영어 실력은 물론이고 시험에 대비하는 능력도 갖춰야 해. 2022 개정 교육과정에 맞는 학습 전략을 바탕으로 만들어진 이 책으로 너희의 중학 영어 실력이 쑥쑥 자라길 기원할게. 이제 본격적인 영어 항해를 함께 시작해 볼까?

차 례

2부. 문법은 실전에서 빛난다
핵심 문법을 알면 문제가 술술 풀린다~

3부. 단어를 알아야 문장이 읽힌다
중학 필수 어휘, 14세트 완전 정복

4부. 독해도 연습하면 늘어요
영어로 읽는 세상 이야기

5부. 쓰기와 말하기 이젠 두렵지 않다
쓰기와 발표 완전 정복

1부

영어 문장 만들기의 비밀

기초 문법을 알면 영어가 보인다

과거와 현재 둘 다 품은
욕심쟁이 현재완료

현재완료의 4가지 용법 이해하기

과거와 현재를 함께 담고 있는 현재완료! 언제 현재완료가 필요할까?
현재완료의 4가지 용법을 어떻게 구분할 수 있을까?

학습 키워드 #중등문법 #현재완료 #현재완료용법
교과 연계 중2 〉 현재완료와 용법

현재완료는 'have(has)+과거분사 pp'의 형태야. "역사는 과거와 현재의 끝없는 대화"라는 유명한 말처럼 현재완료는 '과거와 현재의 대화'가 계속 이어지는 시제이지. 과거의 일이 현재까지 이어지거나 영향을 미치는 상황에서 현재완료가 사용되기 때문이야.

예문 David has lost his bag.

이 예문에 따르면 가방을 잃어버린 것은 과거지만, 그 결과 현재 가방이 없는 상태라는 걸 알 수 있어. 따라서 과거와 현재를 모두 포함한 현재완료를 사용해야 해. 이 예문을 과거 시제로 바꿔서 "*David lost his bag.*"이라고 쓴다면 과거에 가방을 잃어버렸다는 사실만 말할 뿐이지.

현재 그 가방을 찾았는지 어떤지는 전혀 알려 주지 않는 거고 말이야.

현재완료의 4가지 용법

현재완료는 중학교 영어 시험에 자주 등장하는 문제야. 특히 현재완료의 4가지 용법을 구분하는 문제가 많이 나오니까, 이번 기회에 구분하는 방법을 확실하게 알아보자.

완료: 현재완료의 완료적 용법을 구분하는 꿀팁은 이 용법이 *just*, *already*, *yet*과 함께 쓰이는 경우가 많다는 거야. 과연 그런지 살펴볼까?

> **예문** He has already completed his work.

'그는 이미 그의 숙제를 다 했다.'는 뜻이잖아. 숙제를 시작한 것은 과거이고 현재는 이미 숙제를 완료한 상태라서 현재완료 시제를 썼어. *already*라는 '결정적 증거' 덕분에 완료적 용법이라는 것을 바로 알 수 있었지.

경험: 현재완료의 경험적 용법은 과거부터 현재까지의 경험을 말할 때 사용해.

> **예문** I have met her before.

엄격하게 해석한다면 '나는 현재까지 살면서 그녀를 전에 만난 적이 있다.'야. 과거부터 현재까지의 경험을 말하니까 경험적 용법이지. 경험적 용법을 구분하는 꿀팁을 알려 줄게! 문장에 'before, have(has) been to, once, never, ever' 같은 표현이 보이면 경험적 용법이야.

결과: 과거에 발생한 일의 결과로 현재 상황이 벌어지고 있다면 결과적 용법이야. 주로 have lost, have gone to 등이 이 결과적 용법에 자주 등장해.

> **예문** He <u>has gone to</u> Africa.

아프리카로 간 것은 과거이고, 그 결과 현재 그는 여기에 없으니까 결과적 용법이야. have gone to는 결과적 용법이지만 have been to는 '가 본 적이 있다'는 경험적 용법이라는 점, 꼭 기억해!

계속: 과거에 시작된 상황이 현재까지 계속되는 건 계속적 용법이야. 여기에도 꿀팁이 있어. 계속적 용법은 주로 since, for 등과 함께 쓰이지.

> **예문** Olivia <u>has worked</u> in Busan for two years.

올리비아는 2년 전에 부산에서 일을 시작했고 현재까지 계속 일하고 있으니까 계속적 용법이야. for 뒤에는 상황이 '계속되는 기간'을 표시해야 하고 since 뒤에는 상황이 시작된 '과거의 시점'을 표시하는 거야. 이제 실제로 시험에 출제된 문제를 보면서 현재완료를 확인해 볼까?

1. 다음 중 현재완료의 용법이 <u>다른</u> 하나는?

① They <u>have been</u> to Japan.

② My mom <u>has never ridden</u> a bike.

③ He <u>has not finished</u> his homework yet.

④ She <u>has not cheated</u> on any test before.

⑤ <u>Have</u> you ever <u>read</u> *The Little Prince*?

2. Put in the correct forms of the verbs.

① Have you ever _____ to London? (be)

② Nina _____ a lovely dress at the party yesterday. (wear)

③ I have never _____ in a helicopter. (fly)

정답

1. ③

yet이 들어가서 완료적 용법이란 걸 알 수 있지. 나머지 문장들은 모두 경험적 용법이야. 힌트 단어를 꼭 확인하는 거 잊지 마! 꼭 기억해야 할 게 있어. 명확한 과거를 나타내는 ago, last~, yesterday, when~, in+연도, just now 등의 표현이 들어간 문장에는 현재완료를 사용할 수 없어. 이 경우엔 과거 시제를 써야 해.

2. ① been ② wore ③ flown

누가누가 잘 타나
비교하기

비교급의 3종류: 원급, 우등과 열등 비교, 최상급

비교급의 세 가지 형태와 기본 용법을 학습하고,
시험에 자주 나오는 비교급 문제를 통해 비교급의 형태와 용법을 익혀 보자.

학습 키워드 #중등문법 #비교급 #원급비교 #우등비교 #열등비교 #최상급
교과 연계 중1 〉비교급

원급 비교

원급 비교는 동등 비교라고도 불리는데 정도가 같거나 비슷한 두 대상을 비교할 때 사용해.

ⓐ Jack is as tall as his father.
ⓑ I can swim as fast as you.

예문 ⓐ는 형용사 *tall*을 넣은 원급 비교야. '잭은 그의 아버지만큼 키가 크다.'라는 뜻이지. 예문 ⓑ는 as 사이에 '빠르게'란 부사 *fast*가 들어가 있어서 '나는 너만큼이나 빠르게 수영할 수 있다.'란 뜻이야. 원급 비교의 형태는 'as+형용사 또는 부사의 원급+as'이며 "~만큼 ~한 또는

~하게"로 해석돼.

원급 비교를 이용한 배수 표현

여기서 원급 비교를 이용한 배수 표현 챙기고 갈게. '몇 배만큼 ~하다.'라는 배수 표현은 원급 비교 앞에 배수사만 붙이면 돼. 배수 표현은 '배수사+*as*+원급+*as*'라는 공식이야. 배수사는 2배를 뜻하는 *twice*에서 시작하고 3배 이상은 숫자 다음에 '~배'라는 뜻의 *times*를 붙여서 *three times, four times*…로 이어지지. 다음 예문을 보면 이해하기 쉬울 거야.

> ⓐ His father is <u>twice as heavy as</u> his mother.
> ⓑ Argentina is <u>twenty-seven times as large as</u> Korea.

ⓐ는 '그의 아버지가 어머니의 두 배만큼 무겁다.'이고, ⓑ는 지구 반대편의 아르헨티나와 한국의 크기를 비교한 문장이야. '아르헨티나는 한국에 비해 27배만큼 크다.'라는 뜻이지.

우등 비교와 열등 비교

비교급 문장은 어느 한쪽의 정도가 더하거나 덜한 두 대상을 비교할 때 쓰는 거야.

> ⓐ Eric is <u>taller than</u> Saul.
> ⓑ Her bag is <u>more expensive than</u> mine.

우등 비교의 형태는 '비교급+*than*'이고 "~보다 더 …한"으로 해석

돼. 주의할 점은 비교급 형용사를 만들 때 *tall*처럼 짧은 단어는 원급 뒤에 *er*을 추가하고 *expensive*처럼 긴 단어는 *more*를 추가한다는 거야.

> ⓒ My shirt is less cheap than yours.
> ⓓ This book is less interesting than that one.

열등 비교의 형태는 '*less*+원급+*than*'이야. "~보다 덜 …한"이라고 해석하지. 예문 ⓒ는 '나의 셔츠는 너의 것보다 덜 비싸다.'이고 예문 ⓓ는 '이 책은 저것보다 덜 흥미롭다.'야. 열등 비교에서는 형용사가 길든 짧든 언제나 '*less*+원급'을 써야 해. *less*가 이미 비교급이란 의미니까 그 다음엔 꼭 원급을 써야 한다는 거 잊지 마!

비교급의 강조

비교되는 대상의 차이가 아주 크다는 것을 강조하고 싶을 때는 비교급 앞에 강조 부사 *much, a lot, still, even, far* 중 하나를 넣으면 돼. "훨씬 더/덜 ~한"이란 뜻이 더해져서 비교급을 강조할 수 있어.

> ⓐ The elephant is much bigger than the lion.
> ⓑ The library is a lot less exciting than the beach.

잠깐! *very*는 강조 부사가 아니란 거 잊지 마!

> ⓐ The elephant is ~~very~~ bigger than the lion. (X)
> ⓑ The library is ~~very~~ less exciting than the beach. (X)

최상급

셋 이상의 대상을 비교할 때는 최상급을 사용해. 그 형태는 "the+최상급"이고 해석은 '가장 ~한'이야.

> ⓐ Jane is the smartest girl in my class.
> ⓑ My mother was the most beautiful of her sisters.

우등 비교처럼 형용사의 길이에 따라 최상급의 형태가 달라. 예문 ⓐ의 *smart*처럼 짧은 형용사는 뒤에 *est*를 붙이고 예문 ⓑ의 *beautiful*처럼 긴 형용사는 원급 앞에 *the most*를 추가해서 최상급을 만들지. 한 가지 주의할 점은 예문 ⓐ처럼 '~에서' 최상이면 '전치사 *in*+단수 명사'를 쓰고, 예문 ⓑ처럼 '대상들 중에서' 최상이면 '전치사 *of*+복수 명사'를 써야 한다는 거야.

1. the + 서수 + 최상급 + 단수 명사: "몇 번째로 가장 ~한"

> **예문** The elephant is the second biggest animal in the world.

위 예문을 해석하면, '코끼리는 세상에서 두 번째로 가장 큰 동물이다.'야. 이처럼 '몇 번째로 가장 ~하다.'라고 말할 때는 순서를 나타내는 서수를 사용해.

2. one of the + 최상급 + 복수 명사: "가장 최고인 …들 중 하나"

예문 Time is <u>one of the most precious things.</u>

'가장 ~한 것들 중 하나'이기 때문에 최상급 다음의 명사는 언제나 복수가 와야 한다는 거 잊지 마!

3. 최상급 강조

최상급을 강조하려면 최고와 그다음 2등 사이에 거리가 멀다는 의미로 '*by far*'를, 또 '바로 그 최고'라는 의미로 '*the very*'를 사용하면 돼. 그 뜻은 '압도적 최고' 또는 '단연코 최고'야.

예문 This is <u>by far the most popular</u> movie in the theater.

예문을 해석하면 '이것은 영화관에서 압도적으로 가장 인기가 있는 영화다.'야.

1. 다음 중 비교급의 형태가 잘못 사용된 것은?

① English is far easier than math.

② Today's weather is very nicer than yesterday's.

③ This exam is much more difficult than the last one.

④ Julie speaks Korean even less well than Max.

⑤ Bali is a lot warmer than Alaska.

2. 지금까지 익힌 것을 잘 생각하면서 다음 문제를 풀어 보자.

1) 너의 방은 나의 방에 비해 2배 더 크다.

➜ _____ mine.

2) 베트남은 세계에서 가장 더운 나라 중 하나이다.

➜ _____

정답

1. ②
   very는 비교급 앞에 올 수 없거든. 이건 학교 시험 단골 문제니까 잘 기억 둬야 해.

2. 1) Your room is twice as large as
   2) Vietnam is one of the hottest countries in the world.

겉은 같지만 속이 다른
동명사와 현재분사

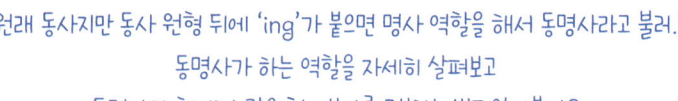

동명사의 용법과 현재분사와의 구분

원래 동사지만 동사 원형 뒤에 'ing'가 붙으면 명사 역할을 해서 동명사라고 불러.
동명사가 하는 역할을 자세히 살펴보고
동명사와 형태가 같은 현재분사를 구분하는 법도 알아볼까?

학습 키워드 #중등문법 #동명사 #동명사와 현재분사 #동명사의 의미상의 주어
교과 연계 중1 〉 동명사의 용법

동명사 개념, 현재분사와의 비교

동명사는 '동사 원형+*ing*'의 형태이고, 그 뜻은 '~하기, 하는 것'이야.
동사 *sing*을 동명사로 바꾸면 *singing*이 되고, 의미도 '노래하다'에서 '노래
하기, 노래하는 것'으로 바뀌지. '노래하고 있는'이라는 의미를 담은 진행
형도 *singing*이라고 표기하지만, 진행형에 쓰이는 *singing*은 동명사가 아니
라 현재분사야. 이처럼 동명사와 현재분사는 성격이 전혀 다른 쌍둥이야.

ⓐ Singing a song makes me happy. (주어)

ⓑ I tried to quit smoking but I couldn't. (동사의 목적어)

ⓒ Are you interested in playing the piano? (전치사의 목적어)

ⓓ My dream is studying abroad. (보어)

동명사의 문장 성분 역할

동명사는 명사라서 문장에서 주어, 목적어, 보어 역할을 할 수 있어. 예문 ⓒ처럼 전치사 다음에 동명사가 오면 전치사의 목적어라고 하지. 영어에서는 전치사 뒤에 명사만 올 수 있어서 *in* 다음에는 꼭 동명사 *playing*을 써야 해.

동명사의 부정형, 단수 취급 등 문법적 유의사항

동명사의 부정형을 표현하는 방법은 간단해. 동명사 앞에 *not*이나 *never*를 추가하면 되거든.

> **예문** Not skipping meals is good for your health.

위 예문을 해석하면, "식사를 건너뛰지 않는 것이 당신의 건강에 좋다."라는 뜻이지. 여기서 주의할 점은 바로 동사 *is*야. 예문처럼 동명사가 주어일 때는 언제나 단수로 취급하거든. 즉 이 문장의 주어는 *meals*가 아니라 *Not skipping meals*이기 때문에 그에 맞는 동사는 *are*가 아니라 *is*인 거지.

동명사의 의미상 주어

동명사는 본래 동사였기 때문에 누가 그 행위를 했는지를 확인할 수 있어. 그 행위의 주인공을 동명사의 주어라고 부르지.

> ⓐ The player loves practicing his tricks every day.
> ⓑ I can't imagine his/him swimming across the river.

예문 ⓐ의 경우 동명사 *practicing*을 하는 주인공은 문장의 주어인 *player*야. 이렇게 문장의 주어와 동명사의 주어가 같다면 따로 동명사의 주어를 표시하지 않아도 돼. 하지만 예문 ⓑ를 보면 수영해서 강을 건너는 주인공은 '그'이지 문장의 주어인 *I*가 아니야. 이렇게 동명사의 주어와 문장의 주어가 다르다면, 동명사 *swimming*의 주어를 꼭 표시해야 해. 동명사의 주어가 사라지면 의미가 전혀 다른 문장이 되기 때문이야.

문장의 주어와 동명사의 주어를 구분하기 위해 동명사의 주어를 '동명사의 의미상 주어'라고 부르고 소유격이나 목적격으로 표시하지.

동명사와 현재분사의 구분

동명사와 현재분사는 쌍둥이처럼 겉모습은 같지만 성격은 전혀 달라.

ⓐ A teacher is <u>motivating</u> students to learn.
ⓑ A teacher's role is <u>motivating</u> students to learn.

예문 ⓐ에서는 '동기를 부여하고 있다.'이지만, 예문 ⓑ에서는 '동기를 부여하는 것'이라는 뜻이지. 같은 *motivating*이라도 예문 ⓐ에서는 현재분사이고 예문 ⓑ에서는 동명사야. 구분이 조금 더 어려운 경우도 살펴볼까?

동명사 + 명사 (용도, 목적)	현재분사 + 명사 (~하는 중인)
a dancing room 무용실	a dancing girl 춤추고 있는 소녀
a swimming pool 수영장	a swimming boy 수영 중인 소년
a smoking room 흡연실	a smoking man 흡연 중인 남자
a sleeping bag 침랑	a sleeping dog 자고 있는 개

1. 다음 중 어법상 바르지 못한 것은? (2개)

  ① Her hobby is climbing mountains.

  ② My mom enjoys helping poor people.

  ③ Flying paper planes are a fun activity.

  ④ Surfing the Internet is a waste of time.

  ⑤ Exercising regularly help you stay in good shape.

2. 다음 문장의 밑줄 친 부분이 동명사인지 현재분사인지 쓰시오.

  1) The water in the <u>swimming</u> pool is very cold.　　(　　)

  2) The <u>sleeping</u> child looks like an angel.　　(　　)

  3) Costco employees were moving <u>shopping</u> carts.　　(　　)

3. 다음 중 밑줄 친 부분의 쓰임이 나머지 넷과 다른 것은?

  ① Jane saw a man <u>singing</u> on the street.

  ② Kevin likes <u>cooking</u> Thai food.

  ③ Jason is interested in <u>seeing</u> a movie.

  ④ <u>Surfing</u> the Internet is her hobby.

  ⑤ His morning routine is <u>running</u> 3 miles.

정답

1. ③ ⑤
　둘 다 동명사가 주어라서 단수 동사를 사용해야 해. ③의 주어는 'planes'가 아니라 동명사 'flying'이라서 동사는 'is'를 써야 하거든. ⑤도 마찬가지야. 동명사 'exercising'이 주어니까 단수 동사인 'helps'를 써야 해.

2. 1) 동명사　2) 현재분사　3) 동명사

3. ①
　①번은 "제인은 거리에서 노래하고 있는 남자를 보았다."란 뜻이야. 그래서 'singing'은 '노래하고 있는 중인'으로 해석되는 현재분사지. 나머지는 모두 동명사야. ②번은 동사의 목적어, ③번은 전치사의 목적어, ④번은 주어, ⑤번은 보어의 역할을 하는 동명사야.

to 부정사가
명사나 형용사로 둔갑한다고?

to 부정사의 명사적 용법과 형용사적 용법 쉽게 구분하기

to 부정사는 왜 중학교 영어 시험에 단골로 나올까?
문장에 사용된 위치에 따라 카멜레온처럼 품사가 달라지기 때문이지.
to 부정사가 명사, 또 형용사로 그 역할이 어떻게 변하는지 살펴보자.

학습 키워드   #중등문법 #to부정사 #to부정사의 명사적 용법 #to부정사의 형용사적 용법
교과 연계   중1 > to 부정사의 용법

동사 원형 앞에 *to*를 붙여서 만들어지는 *to* 부정사는 원래 동사야. 하지만 *to*를 추가하면 동사를 다른 품사로 변신시켜 문장에서 명사, 형용사, 부사 역할을 할 수 있어. 우리말에서 동사 '달리다'를 명사인 '달리기'로 바꿔 사용하는 것처럼 말이야.

to 부정사의 명사적 용법

to 부정사가 문장에서 주어, 목적어, 보어 역할을 하면 명사적 용법이라고 해. '주.목.보' 자리를 차지한 *to* 부정사는 명사로 변신해서 주인공이 되는 거지.

예문 To learn a new language is not easy.

해석하면 '새로운 언어를 배우는 것은 쉽지 않다.'야. *To learn a new language*, 즉 '새로운 언어를 배우는 것'이 문장의 주어로 쓰이고 있지. *learn* 앞에 *to*가 붙어 *to learn*이 되면서 '배우는 것'이란 명사로 변해서 주어 역할을 하고 있어. 이처럼 문장에서 주어 역할을 하는 *to* 부정사를 만나면 명사적 용법이라고 생각하면 돼.

> **예문** I want <u>to learn</u> a new language.

이 문장은 '나는 새로운 언어를 배우기 원합니다.'야. 주어인 '나' 는 '새로운 언어를 배우는 것'을 원하고 있어. *want*가 목적으로 삼는 *to learn*이 목적어 역할을 하는 걸 알 수 있지. 목적어 역할을 하는 *to* 부정사를 만났을 때도 마찬가지로 명사적 용법이라고 이해하면 돼.

> **예문** My plan is <u>to learn</u> a new language.

'나의 계획은 새로운 언어를 배우는 것이다.'라는 문장에서 *to learn a new language*는 *be* 동사 뒤에서 주어를 보충 설명해 주는 보어 역할을 하고 있어. 이처럼 *to* 부정사가 보어 역할을 하고 있으면 이 역시 명사적 용법이라고 생각하면 돼.

to 부정사의 형용사적 용법

> **예문** Can you give me something <u>to read</u>?

'아름다운 공원'에서 명사 '공원'을 수식하는 '아름다운'이 형용사라는 건 알고 있지? 그렇다면 '나에게 읽을 무언가를 줄 수 있어요?'라는 앞 문장을 보자. *to read*는 명사인 *something*을 꾸며 주고 있어. 원래 동사인 *read* 앞에 *to*를 추가해서 형용사로 변신시켰기 때문에 명사를 꾸며 줄 수 있는 거지. 이처럼 명사를 수식하는 역할을 하는 *to* 부정사는 형용사적 용법이라고 해. 형용사적 용법의 *to* 부정사를 알아내는 것은 어렵지 않아. 바로 앞에 *to* 부정사가 꾸며 주는 명사가 항상 있기 때문이지. 예문을 보면서 정말 그런지 확인해 볼까?

예문 You need a pencil to write with.

to write 앞에 명사 *pencil*이 있고, 해석하면 '쓸 연필'이니까 *to write*는 *pencil*을 꾸며 주는 형용사적 용법이야. 이때 조심해야 할 것은 뒤에 따라오는 전치사 *with*야. 연필을 갖고 써야 하니까 *with*가 추가된 거지.

예문 I need a piece of paper to write on.

'쓸 종이 한 장'이니까 명사를 수식하는 형용사적 용법이야. 종이 위에 쓰기 때문에 '~위에'라는 뜻의 전치사 *on*을 뒤에 붙인 거야.

형용사적 용법은 비교적 구분하기 쉽지만 *to* 부정사가 수식하는 명사와 어울리는 전치사까지 잘 챙겨야 해.

1. 다음 문장에 사용된 to 부정사의 용법을 고르시오.

① To make true friends is hard. (형용사적 용법, 명사적 용법)

② Changing habits is not an easy thing to do. (형용사적 용법, 명사적 용법)

③ Your plan is to buy an expensive car. (형용사적 용법, 명사적 용법)

2. 밑줄 친 to부정사의 용법이 나머지 넷과 다른 것은?

① She promised to tell the truth.

② I want to tell you something important.

③ My plan is to travel around the world.

④ To do the right thing is always difficult.

⑤ I have something to tell you.

3. 다음 중 to부정사의 쓰임이 올바른 것은?

① I need a chair to sit with.

② You have plenty of time to finish it.

③ I am happy that you found a pen to write.

④ They are looking for a new house to live.

⑤ She doesn't have any friend to talk.

정답

1. ① 명사적 용법 ② 형용사적 용법 ③ 명사적 용법

2. ⑤
나머지 선택지는 모두 to부정사의 명사적 용법이야. ①, ②는 목적어 역할, ③은 보어, ④는 주어 역할이거든. ⑤만 형용사적 용법의 to부정사이지.

3. ②
①번은 왜 틀렸을까? 의자 위에 앉기 때문에 올바른 전치사는 with가 아닌 on이거든. ③번은 볼펜이 쓰는 것이 아니라 볼펜으로 쓰기 때문에 전치사 with가 있어야 해. ④번은 집 안에서 사니까 to live in이야. ⑤번은 '~에게 얘기할 친구'이기 때문에 전치사 to가 있어야 해.

to 부정사가 부사로도 변신할 수 있다고?

to 부정사의 부사적 용법 쉽게 구분하기

중학교 영어 시험의 단골 메뉴인 to 부정사는 사용된 위치에 따라
카멜레온처럼 품사가 달라져. to 부정사가 부사로 변신하는 부사적 용법을 살펴보자.

학습 키워드 #중등문법 #to부정사 #to부정사의 부사적 용법
교과 연계 중1〉 to 부정사의 용법

　문장에서 명사를 수식하는 임무는 형용사가 맡고 있어. 명사를 제외한 동사, 형용사, 부사는 부사가 수식하고 있지. 게다가 부사는 문장 전체를 수식할 수도 있어. 이렇게 많은 것들을 수식하다 보니 *to* 부정사의 부사적 용법도 명사나 형용사 용법에 비해 다양한 역할을 하게 돼. 여기서 꿀팁 하나 소개할게. *to* 부정사 문제를 만나면 먼저 가장 단순한 형용사적 용법인지를 확인하는 거야. 형용사적 용법이 아니라면 명사적 용법인지 확인하고, 이것도 아니라면 부사적 용법인 거지. 이 순서를 지키면 *to* 부정사의 정체를 쉽게 파악할 수 있어.

부사적 용법의 '오미자'

　to 부정사의 부사적 용법은 문장에서 다섯 가지 맛이 나는 오미자처

럼 크게 다섯 가지 의미로 해석될 수 있어.

1. 목적: ~하기 위해서(= in order to, so as to)

첫 번째 의미는 본동사가 왜 행해지는지 그 목적을 담고 있는 경우야.

> **예문** James ran <u>to catch</u> the bus.

위 예문을 해석하면 "*James*는 버스를 잡으려고 달렸다."야. 본동사 *ran*의 의미는 '달렸다'이고 왜 그래야 했는지 그 목적을 알려 주는 부분이 바로 *to catch*인 거지. 그래서 *to* 부정사의 부사적 용법 중 '목적'인 걸 알 수 있어.

2. 형용사 수식: '~하기에 ~하다'

'~하기에 ~하다'로 해석된다면 *to* 부정사 바로 앞에 있는 형용사를 수식하는 경우야. 바로 앞의 명사를 수식하는 형용사적 용법과 같은 구조이지만, 수식하는 것이 명사가 아니라 형용사라는 점이 달라.

> **예문** The question was very hard <u>to answer.</u>

"그 질문은 대답하기에 어려웠다."라는 예문에서 *to answer*는 바로 앞의 형용사 *hard*를 수식하는 부사적 용법으로 쓰이고 있어.

3. 감정의 원인: ~하기 때문에 ~한 감정을 느끼는

예문 The teacher was angry <u>to see</u> the students coming to school late.

지각하는 학생들을 보았기 때문에 선생님이 화가 난 상황이야. *angry*한 감정을 느끼게 된 원인은 바로 *to see* 했기 때문이지. 그래서 감정의 원인을 나타내는 거야. 감정의 원인은 *to* 부정사 앞에 *sad, happy, excited, disappointed* 같은 감정을 표현하는 형용사가 온다는 사실, 잘 기억해 둬.

4. 결과: ~해서 결국 ~하게 되다

ⓐ Her grandma lived <u>to be</u> one hundred.
ⓑ Aron grew up <u>to be</u> a famous pianist.
ⓒ He ran fast only <u>to miss</u> the bus.

부사적 용법 중 가장 까다로운 것이 '결과'야. 예문 ⓐ를 "그녀의 할머니는 100세가 되기 위해 사셨다."로 해석하면 목적이 되겠지? 예문 ⓑ도 "*Aron*은 유명한 피아니스트가 되기 위해 자라났다."로 해석하면 목적이 될 거고. 하지만 *live*나 *grow up*은 의식적인 노력이 들어가지 않는 동사잖아. 그래서 이들 예문은 '살다 보니 100세가 되셨다.', '자라 보니 피아니스트가 되었다.'라고 해석해야 자연스러워. 이처럼 결과의 의미가 담긴 문장에는 아무 노력이 없어도 그냥 이루어지는 동사인 *live, awake, grow up* 등이 자주 등장해. 예문 ⓑ의 동사 *grow up*은 노력이 없더라도 저절로 일어나는 현상이잖아. 예문 ⓒ도 "버스를 놓치기 위해 빨리 달렸다."라고 하면 자연스럽지 않아. "빨리 달렸지만 결국 버스를 놓치고 말았다."라고 해야 자연스럽고, 그래서 결과의 의미가 되는 거지. 이처럼 '*only*+*to* 부정사'는 결과인 경우가 많다는 점도 꼭 기억해 둬.

5. 판단의 근거: ~하다니 ~임에 틀림없다.

예문 He must be an honest person <u>to tell</u> you the truth.

위 예문을 해석하면, "너에게 진실을 말해 주다니 그는 정직한 사람임에 틀림없다."야. 틀림없다고 판단한 근거가 *to tell*이기 때문에 판단의 근거라고 한 거지. 여기서 힌트 하나! '~임에 틀림없다.'인 *must be*와, 그 반대인 '~일 리가 없다.'인 *can't be*가 문장에 보이면 판단의 근거라고 '판단'해도 돼.

1. 밑줄 친 to learn과 용법이 같은 것은?

> **보기** They went abroad <u>to learn</u> Spanish.

① He was surprised <u>to hear</u> the news.
② You must be a fool <u>to say</u> such a thing.
③ His mother lived <u>to be</u> eighty.
④ She came <u>to see</u> me yesterday.
⑤ Sam was disappointed <u>to hear</u> the news.

2. 다음 문장에 사용된 to 부정사의 부사적 용법의 종류를 고르시오.

> ① 목적　　② 형용사 수식　　③ 감정의 원인　　④ 판단의 근거　　⑤ 결과

1) Clara grew up <u>to become</u> an engineer.　　(　　　)
2) Tommy went to the library <u>to finish</u> the report.　　(　　　)
3) He was so sad <u>to miss</u> the soccer game.　　(　　　)

 정답

1. ④
　보기의 'to learn'처럼 ④의 'to see'도 '~하기 위하여'여서 '목적'이거든. ①, ⑤의 경우, to 부정사 앞에 감정을 나타내는 형용사인 surprised와 disappointed가 왔으니까 감정의 원인이지. ②는 'must be'가 있으니까 판단의 근거이고, ③은 '살다 보니 결국 80이 되었다'는 의미인 '결과'야.

2. 1) ⑤　2) ①　3) ③

영어 문장의 기본 뼈대:
4형식 vs 5형식

4형식과 5형식 문장의 차이

문장의 5개 형식 중 핵심인 4형식과 5형식에 대해 배워 볼까?
시험에 단골로 등장하는 4형식 문장의 3형식 전환과 5형식의 특수한 경우들을
알아 두면 아마 든든할 거야.

학습 키워드   #중등문법 #문장의 형식 #4형식 #4형식의 3형식 전환 #5형식 #사역동사 #지각동사
교과 연계   중1, 2 〉문장의 형식

4형식 문장의 3형식 전환

4형식 문장은 '주어+수여동사+간접목적어(간목)+직접목적어(직목)'
의 순서야. 수여동사는 보통 '~에게 ~을 ~(해)주다.'라고 해석할 수 있
어. 여기서 '~에게'에 해당하는 부분이 간접목적어이고, '~을'에 해당하
는 부분이 직접목적어야.

예문 My parents <u>teach</u> me English.

'가르쳐 주다'라는 동사 *teach*는 수여동사이고 '~에게'에 해당하는
*me*는 간목, '~을'에 해당하는 *English*는 직목이야. 이렇게 수여동사가
오고 뒤에 간목과 직목이 오면 4형식 문장이라고 해. 대표적인 수여동사

는 *give*(주다), *send*(보내 주다), *buy*(사 주다), *bring*(가져다 주다), *cook*(요리해 주다), *teach*(가르쳐 주다), *tell*(말해 주다), *show*(보여 주다) 등이 있어. 모두 '~해 주다'로 해석하면 쉽게 4형식 문장임을 알 수 있지. 시험에서는 4형식 문장을 3형식으로 전환하는 문제가 자주 출제돼.

> **예문** My parents teach me English. (4형식)
>   → My parents teach English <u>to</u> me. (3형식)

3형식의 문장 순서는 '주어+동사+직목'이야. 따라서 4형식을 3형식으로 전환하려면 위 예문처럼 직목인 *English*를 동사 바로 뒤로 옮겨야 하지. 그런 다음 간목인 *me*를 직목 뒤로 옮기고 그 앞에 전치사 *to*를 붙여 주면 3형식으로 전환할 수 있어. 이 두 문장의 뜻에 차이가 없는데도 형식이 달라지는 건 바로 전치사 때문이지. 3형식으로 바꿀 때 전치사 'to'가 가장 많이 사용되고, 그다음으로 *for*와 *of*의 순으로 자주 사용돼. 다음 표에 전치사별로 동사를 정리해 놓았으니까 잘 기억해 둬!

to	give, bring, tell, show, teach, send, write	'~에게 ~해 주다'라고 기억하자.
for	do, buy, cook, make, get, find, build	'~을 위해서 ~해 주다'라고 기억하기.
of	ask, inquire	'질문하다'와 '문의하다'는 의미는 of

5형식 문장의 to 부정사 목적격 보어

5형식 문장은 '주어+동사+목적어+목적격 보어'의 순서야. 목적격 보어 자리에는 명사, 형용사, *to* 부정사, 현재분사, 과거분사 등 다양한 품사들이 올 수 있지. 그중 *to* 부정사가 목적격 보어로 오는 경우야.

이 예문은 "상사가 네게 모든 상자들을 우편으로 보내라고 명령했다."라는 뜻이야. 이처럼 목적격 보어 자리에 동사를 쓰는 경우 동사 앞에 꼭 *to*를 추가해서 'to 부정사'로 바꿔야 해. 보어 자리에 동사가 올 수 없어서 동사를 to 부정사로 바꿔 주는 거야. 목적격 보어 자리에 *to* 부정사가 올 수 있는 동사는 대표적으로 *order, want, tell, advise, ask, allow* 등이 있어. 그런데 목적격 보어 자리에 *to* 부정사가 아닌 동사 원형이 쓰이는 예외적인 경우도 있어. 시험에 정말 자주 출제되는 '특별 케이스'니까 다음 예문을 집중해서 확인해 보자.

ⓐ Minsu doesn't let others <u>touch</u> his bag.

ⓑ Jerome makes his mom <u>clean</u> his room.

ⓒ Kate had her sister <u>do</u> the homework right after school.

ⓓ The man helped her <u>(to) finish</u> the project in time.

밑줄 친 부분은 모두 목적격 보어인데 *to* 부정사가 아니라 동사 원형이야. 이렇게 된 이유는 이들 문장의 본동사가 사역동사이기 때문이지. 사역동사 3총사(*let, make, have*)가 본동사인 경우 목적격 보어로는 동사 원형을 사용해야 해. 예문 ⓓ의 본동사 *help*는 예외 중의 예외인데, 목적격 보어로 *to* 부정사와 동사 원형을 둘 다 허용하는 경우야. 사역동사 3총사처럼 예외적인 동사들이 한 무더기 더 있어. 이 동사들은 목적격 보어 자리에 *to* 부정사 대신 동사 원형이나 현재분사가 필요해.

ⓐ They saw him <u>do/doing</u> the task alone.

ⓑ The boy heard the dog <u>bark/barking.</u>

　　이들 문장의 본동사는 지각동사야. '오감을 지각하다'라는 뜻의 지각이지. 지각동사가 온 경우 목적격 보어에 *to* 부정사가 아닌 동사 원형을 써야 해. 지각동사가 오면 동사 원형은 물론 현재분사도 목적격 보어로 쓸 수 있어. 현재분사를 쓰면 좀 더 생생하게 장면을 묘사할 수 있지. 5형식 문장에서 사역동사와 지각동사는 예외적인 특별한 존재라서 시험에 정말 정말 자주 나와.

1. 다음 빈 칸에 들어갈 단어가 나머지와 다른 하나는?

① She sent some letters _____ me.

② Mr. Miller teaches English _____ us.

③ My mother made a cake _____ me.

④ His grandfather gave money _____ him.

⑤ Mary told the interesting story _____ me.

2. 어법상 틀린 문장을 골라 보자.

① I watched Aron play the piano.

② They let her cross the street alone.

③ He could hear his son crying in the room.

④ She had me to drive the car on the expressway.

⑤ Joe and Sujin made the project sound convincing.

정답

1. ③

수여동사 'make'는 '~을 위해 ~해 주다.'는 의미라 3형식으로 전환 할 때 'for'를 써야 해. 나머지는 모두 '~에게 ~해 주다.'라는 의미라서 전치사 to가 필요하지.

2. ④

④의 have는 '가지고 있다.'는 의미가 아니라 '~하게 만들다.'란 의미의 사역동사야. 그래서 목적격 보어 는 to drive가 아닌 동사 원형 drive여야 해. ③은 지각동사이기 때문에 동사 원형 cry에 더해서 현재분사 crying도 목적격 보어로 올 수 있으니까 맞는 문장이야.

억울하게 당하는 수동태

수동태 기본과 4 & 5형식 문장의 수동태

주어가 동사의 행위를 행하면 능동태 문장이고 주어가 동사의 행위를 받으면 수동태 문장이야.
간접목적어와 직접목적어가 있는 4형식 문장과 사역/지각동사가 있는
5형식 문장의 수동태에 대해 알아보자.

학습 키워드	#수동태 #4형식수동태 #5형식수동태 #사역동사수동태 #지각동사수동태
교과 연계	중2, 3 〉 문장의 형식

수동태의 기본

동사가 의미하는 것을 주어가 행할 때 그 문장은 능동태야. 반대로 주어가 그 동사의 행위를 받는 입장이라면 그 문장은 수동태이지.

> ⓐ Her granddaughter <u>visited</u> the grandmother.
> ⓑ The grandmother <u>was visited</u> by her granddaughter.

능동태 문장 ⓐ를 수동태로 바꾸면 ⓑ가 돼. 능동태 문장의 목적어인 *the grandmother*가 수동태 문장에서는 주어가 되는 거지. 그다음은 능동태 동사 *visited*를 *was visited*로 바꾸는 거야. 우리말로 직역하면 '방문했다'가 '방문을 받았다'로 변하지. 이처럼 모든 수동태 문장에는 반드

시 'be+과거분사'가 들어 있어야 해. 여기서 be 동사의 시제는 능동태 문장의 시제와 같아야 해. 문장 ⓐ가 과거 시제인 *visited*였으니까 수동태인 문장 ⓑ에서도 '기필코' 과거 시제의 be 동사인 *was*를 써야 하지. 능동태의 주어는 수동태에서는 *by* 뒤에 배치되고 '행위자'라고 불려.

ⓐ The man did not train the elephants.

→ The elephants were not trained by the man.

ⓑ Who will buy the house?

→ By whom will the house be bought?

예문 ⓐ처럼 부정문의 수동태는 be 동사 뒤에 *not*만 추가하면 간단히 만들 수 있어. be 동사의 시제는 능동태 문장에 맞춰서 과거 시제이고, *The elephants*는 복수니까 *were*를 쓰면 돼. 예문 ⓑ처럼 *who*가 주어인 의문문을 수동태로 바꾸는 서술형 문제가 시험에 잘 나오는 편이야. 문법적으로 분석하기보다 여러 번 읽어서 기억해 두면 더 좋을 것 같아. *who*의 수동태 *by whom*이 수동태 문장 맨 앞에 오는 것 꼭 기억해 둬.

4형식 문장의 수동태

'주어+동사+간목+직목' 구조의 4형식 문장에는 목적어가 2개나 있어. 그래서 목적어가 주어로 변신하는 수동태 문장도 2개로 만들 수 있지.

예문 He gave Rory some books.

ⓐ Rory was given some books by him.

ⓑ Some books were given to Rory by him.

ⓐ와 ⓑ 둘 다 예문에 대한 수동태 문장이야. ⓐ처럼 간접목적어 *Rory*를 주어로 수동태 문장을 만들 때는 'be+과거분사' 뒤에 직접목적어 *some books*를 그대로 쓰면 돼. 하지만 ⓑ처럼 직접목적어 *some books*를 주어로 수동태 문장을 만들 때는 간접목적어 *Rory* 앞에 전치사 *to*를 추가해야 하지. 그래서 직접목적어가 주어인 수동태 문장의 순서는 'be +과거분사+전치사+간목'이야. 여기서 전치사는 4형식을 3형식으로 전환할 때와 마찬가지로 *to, for, of* 중 하나를 골라 써야 해.

> **예문** My father bought me a wooden desk.
> ⓐ I was bought a wooden desk by my father. (×)
> ⓑ A wooden desk was bought for me by my father. (○)

문장 ⓐ는 간접목적어 *me*가 주어인 수동태 문장으로 문제가 없어 보이지만 틀린 문장이야. '나는 사졌다'라고 해석되어서 어딘가 어색하지. 이렇게 어색하게 해석된다는 것만으로 이런 동사들을 찾아 내긴 어려워. 조금 힘들어도 기억하는 수밖에 없어. 정리하자면 *buy*를 포함한 일부 수여동사 문장들은 간접목적어를 주어로 하는 수동태 문장을 만들 수 없어. *buy, bring, get, make, pass, send, write, cook* 등이 바로 이런 수여동사들이야. 이런 동사가 들어간 문장을 수동태로 만들려면 꼭 직접목적어를 주어로 놓아야 해.

5형식 문장의 수동태: 지각동사와 사역동사

5형식 문장은 목적어가 하나여서 수동태로 전환하기가 쉬워. 목적어를 주어로 놓고 수동태의 핵심인 'be 동사+과거분사'를 넣으면 되거든. 그 뒤에 목적격 보어를 그대로 넣어 주면 끝나.

예문 They elected him president.

→ He was elected president by them.

위 예문은 "그들이 그를 대통령으로 선출했다."로 해석할 수 있고, 수동태는 목적어인 *him*이 주어가 되어서 "그는 그들에 의해 대통령으로 선출되었다."로 해석할 수 있어. 다만 사역동사와 지각동사가 들어간 5형식 문장에서는 조심할 점이 있어.

ⓐ She saw David dance/dancing alone.

→ David was seen to dance/dancing alone by her.

ⓑ My teacher makes me study hard.

→ I am made to study hard by my teacher.

앞에서 공부한 대로 사역동사와 지각동사의 능동태 문장에서 목적격 보어는 동사 원형이야. 그런데 수동태로 전환할 때는 동사 원형인 목적격 보어를 *to* 부정사로 바꿔야 해. 자칫하면 놓칠 수 있으니 주의해야겠지? 아울러 ⓐ처럼 지각동사 문장에서는 수동태의 목적격 보어로 현재분사도 쓸 수 있어. 하지만 사역동사 수동태 문장에서는 목적격 보어로 현재분사는 쓸 수 없고, 꼭 *to* 부정사를 써야 해.

1. 다음 문장을 수동태로 바꿔 써 보자.

   1) Who wrote that comic book?

   → _____

   2) They made the boy do all the work.

   → _____

   3) Susan heard the birds sing beautifully.

   → _____

2. 다음 수동태 문장에서 어법상 바른 문장은?

   ① She was bought a Christmas gift by Jarad.
   ② The employee was made work harder by his boss.
   ③ The birds are heard singing happily by the old lady.
   ④ Cinderella was seen cook the dinner by her sisters.
   ⑤ They are not let go out at night by their parents.

정답

1. 1) By whom was that comic book written?   2) The boy was made to do all the work by them.
   3) The birds were heard to sing beautifully by Susan.

2. ③
   지각동사 'hear'가 들어간 문장이 수동태로 전환되어도 목적격 보어에는 현재분사 'singing'을 그대로 사용
   할 수 있어. 반면 ②,④,⑤는 지각동사와 사역동사가 들어간 5형식 문장이라 수동태에서는 목적격 보어로
   동사 원형이 아닌 to부정사를 써야 해. ①이 제일 어렵지. 수여동사 buy가 들어간 문장은 간접목적어를 주
   어로 하는 수동태를 만들 수 없어.

외교관 강경화,
외국어로 세상을 연결하다

인물 앞에 오는 '최초'라는 수식어는 역사의 새 장을 연 선구자에게만 주어지는 거야. 여성 최초로 외교부의 수장이 된 강경화 전 외교부 장관에 대해 알아볼까?

Who is Kyung-wha Kang?

강경화는 지난 문재인 정부에서 대한민국 최초의 여성 외교부 장관으로 임명된 분이야. 유엔 인권고등판무관실 등 다양한 국제기구에서 일한 경험 덕분에 한국 외교에 큰 변화를 가져왔다는 평가를 받았지.

장관직에서 물러난 후에는 미국 싱크탱크 아시아소사이어티 회장에 이어 주미대사로 활동하면서 외교 전문가로서의 경력을 이어 가고 있어. 그녀는 세련된 영어 실력으로도 유명하지만, 특히 차분하고 논리적으로 의견을 전달하는 능력이 많은 사람들에게 깊은 인상을 남겼지. 그녀의 영어 실력이 어떻게 길러졌는지 성장 과정과 교육 배경을 통해 알아보자.

How did she study English?

강경화 전 장관의 아버지는 KBS 아나운서였어. 1964년, 아버지가 미국의 소리 방송(VOA) 아나운서로 파견되면서, 9살이었던 강경화 전 장관은 가족과 함께 약 2년간 미국 워싱턴 DC에서 살게 됐지. 이때 그녀의 영어 실력이 다져진 거야. 그녀는 한국으로 돌아온 후에도 계속 영어를 공부했어.

이화여고에 다니던 시절, 강경화 전 장관은 주한미군방송(AFKN)을 보면서 영어를 공부했어. 당시에는 AFKN이 거의 유일한 영어 방송 채널이었거든. 만약 그녀가 영어 방송을 계속 듣지 않았다면, 미국에서 배운 영어 실력이 떨어졌을 거야. 하루에 5분이라도 영어 콘텐츠를 들어야 영어 실력이 늘 수 있어. 지금은 다양한 영어 방송을 볼 수 있어서, 재미있는 동영상을 보면서 영어를 배울 수 있지.

강경화 전 장관은 연세대학교에서 정치외교학을 전공했어. 대학 시절에도 영문학 수업을 들으며 영어 실력을 키웠다고 해. 이러한 노력 덕분에 그녀의 영어 실력은 고급 단계까지 오를 수 있었지.

대학교를 마친 후, 그녀는 미국 매사추세츠 대학교 대학원에서 커뮤니케이션 전공으로 석박사 학위를 받았어. 많은 유학생들이 영어 때문에 고생하지만, 강경화 전 장관은 전공 수업을 듣는 데 큰 문제가 없었어. 유학 전에 이미 수업을 따라갈 정도의 영어 실력을 갖췄기 때문이야. 이제 그녀의 영어 실력이 어떻게 그녀의 진로에 도움이 되었는지 알아볼게.

How did English help with her career?

강경화 전 장관은 대학교 졸업 후 KBS 영어 방송의 PD 겸 아나운서로 일하기 시작했어. 이후 국회의장 비서실에서 국제담당비서관으로 일했고, 세종대학교에서 영어를 가르쳤어. 1999년에는 외교통상부 장관의 보좌관으로 특채되었지. 그 후 김대중 전 대통령의 통역사로 3년간 일하며, 클린턴 전 미국 대통령과의 통화에서 훌륭한 통역을 해 김 전 대통령의 신임을 얻었어. 김대중 전 대통령은 "내 말이 강경화 특보를 통해 통역되면 더 멋지게 들린다."라고 하면서 그녀의 영어 실력을 칭찬했다고 해. 또한 1990년대 서울 지하철 영어 안내 방송의 성우로도 활동했지. 이런 이력을 보면 그녀의 영어 실력이 지금의 자리에 오르는 데 얼마나 큰 도움이 되었는지 알 수 있어. 외교부 장관 재직 당시, "한국의 국격과 국력에 비해 외교관들의 영어 실력이 너무 부족하다."면서 대책을 마련하라고 지시하기도 했어. 그녀의 말처럼, 대한민국의 외교관이 되기 위해서는 수준 높은 영어 실력을 갖춰야 해. 읽기, 말하기, 쓰기 모두 잘해야 국내외 무대에서 활약할 수 있기 때문이야. 너희도 열심히 영어를 공부해서 강경화 전 장관처럼 훌륭한 국제 인재가 되길 바랄게..

더 알고 싶어 119
▷ 강경화 전 장관 영어 인터뷰 - 여성 리더

 📖 도서   ▷ 영상   🔍 사이트

좀 별난 수동태 모음

조동사+수동태 & by 이외의 전치사

조동사가 들어 있는 능동태 문장을 수동태로 전환할 때는 반드시 같은 조동사를 사용해야 해.
문장의 의미에 따라 행위자 앞에 by 이외에도 여러 가지 전치사가 올 수 있어.
이들 동사와 전치사를 한 꾸러미로 익혀 둔다면 문제를 푸는 데 아무 문제 없을 거야!

학습 키워드 #수동태 #조동사가 있는 수동태 #수동태와 조동사 #by 이외의 전치사
교과 연계 중2, 3 〉 수동태

조동사가 있는 수동태

조동사가 포함된 능동태 문장을 수동태로 전환할 때도 시제는 그대로 유지해야 해. 물론 수동태의 핵심인 'be+과거분사'는 당연히 들어가는 거고 말이야. 지금은 조동사 다음에 be 동사가 오니까 원형인 be를 쓴 거야.

ⓐ The man will translate this famous novel.

→ This famous novel will be translated by the man.

ⓑ We have visited many countries so far.

→ Many countries have been visited by us so far.

앞의 예문처럼 미래 조동사 *will*과 현재완료 조동사 *have*는 수동태 문장에서도 그대로 유지해야 해. 다만 현재완료 *have* 뒤에는 과거분사가 와야 하기 때문에 *been*이 쓰인 거야.

ⓐ Can they <u>finish</u> the work in time?
  → Can the work <u>be finished</u> in time by them?
ⓑ You <u>must not ruin</u> the project.
  → The project <u>must not be ruined</u> by you.
ⓒ Should they <u>follow</u> the regulations?
  → Should the regulations <u>be followed</u> by them?
ⓓ The students <u>have to do</u> their homework every day.
  → Their homework <u>has to be done</u> by the students every day.

위 예문 모두 능동태의 조동사가 수동태 문장에서도 그대로 '보존'된 걸 알 수 있어. 예문 ⓑ처럼 부정문이면 *not*을 추가해 주는 것과 예문 ⓓ처럼 주어의 '수'에 맞게 동사를 써 주는 것만 조심하면 돼.

by 이외의 전치사

능동태 문장의 주어는 수동태 문장에서는 행위자가 되어 보통 전치사 *by* 뒤에 오게 되지.

예문 The class president will collect the homework.
  → The homework will be collected <u>by the class president</u>.

그런데 행위자를 *by*가 아닌 다른 전치사로 표시하는 경우도 있어.

이처럼 예외적인 경우는 시험에 잘 나오니까 숙어처럼 확실하게 기억해 둬야 해.

> ⓐ He was <u>interested in</u> math.
> ⓑ The mountain is <u>covered with</u> snow year round.
> ⓒ The boss will be <u>satisfied with</u> her work.
> ⓓ I was <u>surprised at</u> his sudden appearance.

위 예문들은 대표적인 '동사+전치사' 세트로 이루어진 문장들이야. 숙어처럼 기억해 두면 '안심하고' 수동태 문제를 풀 수 있을 거야. 예문 ⓐ의 *interested in*은 '~에 관심이 있는'이란 뜻으로 기억해 둬. *interested about*은 틀린 표현이니까 주의해야 해. 예문 ⓑ와 ⓒ처럼 전치사 *with*가 붙는 다른 표현에 *filled with*와 *pleased with*가 있다는 것도 함께 기억해 둬. 예문 ⓒ의 '~에 만족한'을 뜻하는 *satisfied with*의 반대말인 *dissatisfied with*도 알아 두면 '~에 불만족한' 일은 없겠지? 다음은 좀 헷갈릴 수 있는 표현이야.

> ⓐ Paris is <u>known for</u> the Eiffel Tower.
> ⓑ The actress is <u>known to</u> everyone.
> ⓒ Picasso is <u>known as</u> one of the greatest painters.

*known*은 의미에 따라 전치사가 달라져. 예문 ⓐ처럼 '~으로 잘 알려진'의 경우에는 *for*를 쓰고, 예문 ⓑ처럼 '~에게 알려진'의 뜻이면 *to*를 쓰지. 예문 ⓒ처럼 '~자격으로 알려진'인 경우 *as*를 써. 그냥 외우려고 하지 말고 그 의미를 생각해 두면 도움이 될 거야.

@ These sandals are made of leather.

ⓑ Cheese is made from milk.

ⓒ These cars are made in Korea.

ⓓ These sandals are made by Italian artisans.

made 뒤의 전치사도 의미에 따라 이렇게 다양하게 사용되고 있어. 예문 @와 ⓑ는 만드는 재료의 성질 변화 유무에 따라 전치사가 달라지는 경우야. @에서는 재료인 가죽의 성질이 유지되는 '물리적 변화'라서 *made of*를 쓰는 반면 ⓑ에서는 재료인 우유의 성질이 치즈로 변하는 '화학적 변화'가 일어나기 때문에 *made from*을 사용해. '화학적 변화에는 긴 시간이 걸리니까 *of*보다 긴 *from*을 쓴다고 기억해도 괜찮을 것 같아.

1. 다음 문장을 수동태 문장으로 바꿔 써 보자.

They must keep this secret forever.

→ _____

2. 보기 문장의 ⓐ, ⓑ에 들어갈 알맞은 동사의 형태는?

> The first World Cup games (ⓐ hold) in 1930.
> My room (ⓑ clean) later.

① held - will be cleaning   ② were held - will be cleaned

③ was held - will clean   ④ was held - will be cleaned

⑤ were held - is cleaning

3. 괄호 안에 by가 들어갈 수 없는 문장을 모두 고르시오.

ⓐ This delicious food was made (   ) rice.

ⓑ This picture was taken (   ) him.

ⓒ Joe was loved (   ) Mary.

ⓓ The mountain was covered (   ) snow.

ⓔ Wine is made (   ) grapes.

 정답

1. This secret must be kept forever by them.

2. ②
보기의 첫 문장은 "제 1회 월드컵 경기는 1930년에 열렸다."야. 이미 과거에 있었던 일이기 때문에 be 동사의 과거형이 필요하고 주어가 복수 명사인 'games'이기 때문에 'were'를 써야 맞아. 두 번째 문장은 'later'라는 표현 때문에 시제가 미래라는 걸 알 수 있어. 그래서 미래 조동사 will이 있는 'will be cleaned'가 답이 돼.

3. ⓐ, ⓓ, ⓔ

who & whose, 관계대명사의 기본

관계대명사의 기본 개념과 주격, 소유격 관계대명사 익히기

관계대명사는 공통의 명사가 들어 있는 두 문장을 하나로 만드는 연결 장치를 말해.
관계대명사의 기본 개념과 종류를 잘 익히면 문제도 잘 풀 수 있고
고급스러운 영어 문장도 쓸 수 있지.

학습 키워드 #중등문법 #관계대명사 #주격관계대명사 #소유격관계대명사
교과 연계 중2 › 관계대명사

관계대명사는 두 개의 문장을 관계 지어 하나로 연결해 주는 대명사라는 뜻이야.

> ⓐ I don't know the girl. + ⓑ She is standing next to the car.
> → ⓒ I don't know the girl who is standing next to the car.

문장 ⓐ와 ⓑ에서 *the girl*과 *she*는 같은 사람을 지칭하고 있어. 이때 *the girl*을 지칭하는 ⓑ 문장의 대명사 *she*를 *who*로 교체하면 ⓒ 문장이 되는 거야. 여기서 *who*는 의문사가 아니라, ⓐ와 ⓑ 문장을 연결해 하나의 문장으로 만드는 동시에 문장 ⓑ의 대명사 *she*를 대신하고 있지. 이런 역할을 하는 *who*를 관계대명사라고 해.

주격 관계대명사

관계대명사 문장은 두 개의 문장을 연결해서 만들어지는데, 관계대명사부터 그 뒤에 오는 부분을 '관계대명사절'이라고 해.

> ⓐ He is the boy who helped me solve the problem.
> ⓑ This is the restaurant which sells delicious pancakes.

예문 ⓐ와 ⓑ에 들어간 관계대명사 *who*와 *which*는 주격을 나타내. ⓐ를 해석하면 "그는 내가 그 문제를 푸는 걸 도와준 소년이다."이고 ⓑ는 "이곳은 맛있는 펜케이크를 파는 식당이다."야. 이 두 문장의 관계대명사는 주어 역할을 하고 있어서 주격 관계대명사라고 해. 관계대명사 바로 뒤에 동사가 있으면 그 관계대명사는 주격을 나타내는 거야. 예문 ⓐ처럼 선행사가 사람이면 *who*, 예문 ⓑ처럼 선행사가 사물이면 *which*를 사용해.

> ⓐ He is the boy who/that helped me solve the problem.
> ⓑ This is the restaurant which/that sells delicious pancakes.

관계대명사 *that*은 선행사가 사람인지 사물인지 따지지 않고 쓸 수 있어. 하지만 주격 관계대명사 뒤에 오는 동사는 선행사의 수에 맞게 써야 해. 시험에도 자주 나오니까 꼭 기억하자!

> ⓐ They are the nurses who/that takes care of the patients. (X)
> ⓑ Aron met a woman who/that were in his dream. (X)

예문 ⓐ의 *takes*는 틀린 부분이야. 관계대명사 문장에서도 선행사의 수에 동사의 수를 일치시키는 원칙은 지켜야 하거든. 복수 선행사인 *nurses*에 맞추려면 *take*가 맞아. 예문 ⓑ도 선행사가 단수인 *a woman*이니까 단수 동사인 *was*로 고쳐야 해.

소유격 관계대명사

ⓐ I know <u>the woman.</u> + ⓑ <u>Her</u> purse was stolen yesterday.
→ ⓒ I know <u>the woman whose</u> purse was stolen yesterday.

문장 ⓐ와 ⓑ에서 *the woman*과 *her*는 같은 사람이잖아. 소유격 *her* 대신 *whose*를 써서 한 문장으로 만든 것이 예문 ⓒ야. 예문 ⓒ에서 *whose*는 '누구의'라는 의문사가 아니라, 그 앞의 명사 *the woman*을 대신한 관계대명사야. 다만 '그녀의 지갑'이라는 뜻이라서 관계대명사도 소유격을 써야 해. 이처럼 두 문장을 하나로 연결하면서 소유격 역할을 하는 것을 소유격 관계대명사라고 해.

예문 He lives in the house <u>whose</u> roof is red.
ⓐ He lives in the house <u>of which the roof</u> is red.
ⓑ He lives in the house <u>the roof of which</u> is red.

위 예문에서 선행사 *house*는 사물인데도 사람에게 사용하는 소유격 관계대명사 *whose*를 그대로 사용할 수 있어. '사물은 사람과 달라야지'라고 생각한다면, 예문 ⓐ나 ⓑ처럼 *whose* 대신 *of which the roof*나 *the roof of which*를 쓰면 돼.

ⓐ I wanted to buy a car <u>whose</u> color is red.

ⓑ I wanted to buy a car ~~that~~ color is red. (X)

하지만 선행사가 사물이든 사람이든 쓸 수 있는 관계대명사 *that*도 소유격에서는 통하지 않아.

1. 문장에 맞는 관계대명사를 고르시오.

    1) I saw a cat [who / which] was very friendly.

    2) This is the house [which / whose] doors are made in Spain.

    3) Tom envies my friend [who / which] has much money.

2. 다음 중 어법상 틀린 문장을 고르시오.

    ① This is the supermarket which open 24 hours a day.

    ② This is the restaurant that is famous for its long history.

    ③ Do you know the girl who is reading a book?

    ④ This is the police officer who saved the child.

    ⑤ Mr. Brown is a teacher who loves his students.

3. 다음 중 어법상 바르지 못한 것은? (2개)

    ① She has a friend who lives in Seoul.

    ② Look at the book of which the cover is red.

    ③ Mary has a brother of which the room is messy.

    ④ I know the boy whose family is from Paraguay.

    ⑤ The books which is on the table are interesting.

정답

1. 1) which   2) whose   3) who

2. ①
   선행사가 단수인 supermarket이니까 주격 관계대명사 which 뒤에는 단수동사 'opens'가 와야 해.

3. ③ ⑤
   ③의 선행사는 'a brother'로 사람이기 때문에 소유격 관계대명사 'whose'를 써야 해. ⑤는 사물 선행사 'books'라서 관계대명사 which를 쓴 것은 맞지만, 복수인 'the books'에 맞추어 'are'를 써야 해. 주격 관계대명사의 주어-동사 수 일치, 언제나 주의하자.

관계대명사의 목적격? 생략?
헷갈리지 말자!

목적격 관계대명사 & 관계대명사의 생략

목적격 관계대명사는 앞에 오는 선행사의 성격에 따라 구분해서 써야 해.
목적격 관계대명사는 생략할 수 있다는 것도 잘 기억해 둬!

학습 키워드 #중등문법 #관계대명사 #목적격관계대명사 #관계대명사의생략
교과 연계 중2, 3 〉관계대명사

목적격 관계대명사라는 이름을 잘 이해하면 그 특징이 보여. 먼저 예문부터 볼까?

 ⓐ This is <u>the toy</u>. + ⓑ My father made <u>it</u> last year.
  → ⓒ This is <u>the toy which</u> my father made last year.

문장 ⓑ의 목적어인 *it*은 문장 ⓐ의 *the toy*를 가리키지. 바로 이 대명사 *it*을 관계대명사로 바꾼 다음 두 문장을 연결하면 문장 ⓒ가 되는 거야. "이것은 우리 아빠가 작년에 만든 장난감이야."라는 뜻이지. 이때 문장 ⓒ의 관계대명사 *which*가 목적격 관계대명사야. 앞뒤 두 문장을 연결해 주면서 '목적격 대명사'를 대신하니까 말이야. 여기서 꿀팁 하

나 알려 줄게. 관계대명사 다음에 '주어+동사'가 오면 99퍼센트의 확률로 목적격이야. 목적격 관계대명사는 선행사가 사물이면 *which*를, 사람이면 *whom* 또는 *who*를 쓸 수 있어. 원래는 사람 선행사 뒤의 목적격은 *whom*이었는데, 편한 발음을 찾다 보니 이젠 *who*도 목적격 자리에 올 수 있게 됐어.

> **예문** The man remembered <u>the lady who/whom</u> he had met long
> ago.

이 문장은 "남자는 오래 전 만났던 여인을 기억했다."라는 뜻이야. 선행사 *the lady*가 사람이고 문장 뒷부분에서 *the lady*가 목적어 역할을 하니까 목적격 관계대명사 '*whom* 또는 *who*'를 사용했어. 앞에서 살펴본 만능 관계대명사 *that* 기억나? 주격처럼 목적격에서도 *that*를 쓸 수 있어. 선행사가 사물이든 사람이든 관계대명사 '*that*'은 다 괜찮아~

> ⓐ This is <u>the toy which/that</u> my father made last year.
> ⓑ The man remembered <u>the lady who/whom/that</u> he had met
> long ago.

목적격 관계대명사와 전치사

목적격 관계대명사와 전치사가 함께 오는 경우가 있어. 이때, 전치사는 예문 ⓐ와 ⓑ처럼 목적격 관계대명사 바로 앞이나 문장 맨 뒤에 있으면 돼. 근데 예문 ⓓ처럼 만능 관계대명사 *that*도 전치사 뒤에서는 힘을 못 쓴다는 걸 조심해야 해.

ⓐ This is the hospital <u>in which</u> I was born. (○)

ⓑ This is the hospital <u>which</u> I was born in. (○)

ⓒ This is the hospital <u>that</u> I was born in. (○)

ⓓ This is the hospital <u>in that</u> I was born. (×)

조심할 점 하나 더! 선행사가 사람이고 관계대명사 앞에 전치사가 오면 *who*는 안 되고 *whom*만 쓸 수 있다는 것도 꼭 기억해 둬.

ⓐ This is professor <u>about who/that</u> I talked. (×)

ⓑ This is professor <u>about whom</u> I talked. (○)

ⓒ This is professor <u>who/whom/that</u> I talked <u>about</u>. (○)

예문 ⓐ는 전치사 *about*이 있기 때문에 *who*도 *that*도 올 수 없어. 하지만 예문 ⓒ처럼 전치사가 문장 맨 뒤로 가면 *who, whom, that* 모두 쓸 수 있지.

관계대명사의 생략

목적격 관계대명사는 '언제나 생략 가능'하지만 그 앞에 전치사가 있으면 생략할 수 없어.

ⓐ This is <u>the toy</u> (which/that) my father made last year. (○)

ⓑ This is the book <u>about</u> (which) I told you. (× 생략 불가)

ⓒ This is the book (which/that) I told you about. (○)

예문 ⓑ에서 관계대명사 *which*는 전치사 *about*이 있어서 생략할 수 없어. 하지만 예문 ⓒ처럼 전치사를 문장 맨 뒤로 보내면 생략할 수 있지. 돌발 퀴즈! 그렇다면 주격 관계대명사도 생략할 수 있을까?

ⓐ I remember the girl (who) gave me the note. (×)
ⓑ Look at the man (who is) cleaning the room. (○)
ⓒ Kevin bought a cell phone (which was) made in Korea. (○)

정답은 '특별한 경우에만 생략한다.'야. 예문 ⓐ처럼 주격 관계대명사는 보통 생략할 수 없어. 예외적인 특별한 경우에만 생략하는데 시험에 자주 출제되니까 잘 알아 둬야 해. 예문 ⓑ와 ⓒ가 바로 이런 특별한 경우야. 주격 관계대명사 뒤에 *be* 동사가 오고 이어서 현재분사나 과거분사가 오는 경우 주격 관계대명사를 생략해도 되는데 '반드시 그리고 기필코' 뒤에 오는 '*be* 동사까지 함께' 생략해야 해.

1. 밑줄 친 부분에 해당하는 것을 고르시오.

1) The writer <u>who</u> wrote the book is quite famous.
[주격, 소유격, 목적격] [생략 가능, 불가능]

2) This is the house in <u>which</u> he lived for 10 years.
[주격, 소유격, 목적격] [생략 가능, 불가능]

3) He can't find the picture <u>which was</u> taken there.
[주격, 소유격, 목적격] [생략 가능, 불가능]

2. 다음 중 밑줄 친 단어를 생략할 수 없는 것은?

① The fish <u>which</u> I caught yesterday is still alive.

② She is the woman <u>that</u> I would like to meet.

③ This is the poem <u>which</u> she wants to read.

④ I received an e-mail <u>which was</u> written in English.

⑤ Find the ways <u>that</u> suit you best.

 정답

1. 1) 주격, 불가능   2) 목적격, 불가능   3) 주격, 생략 가능

2. ⑤
외톨이 목적격 관계대명사인 ①, ②, ③은 당연히 생략 가능해. ④는 주격이지만 그 뒤에 be동사와 과거분사 written이 와서 생략 가능하지. 이때 be동사 was까지 함께 생략한다는 점, 잊지 마

that이냐 what이냐, 그것이 문제로다

만능 관계대명사 'that'은 선행사의 성격에 상관없이 주격으로도 목적격으로 사용할 수 있어.

조심할 점은 'that'을 쓸 수 없는 경우도 있다는 거야.

반면 관계대명사 'what'의 특징 중 하나는 그 앞에 선행사가 없다는 점이야.

학습 키워드	#중등문법 #관계대명사 #관계대명사that #관계대명사what
교과 연계	중2, 3 〉관계대명사

*that*은 고맙게도 앞에 오는 선행사가 사물인지 사람인지 따질 필요가 없는 관계대명사야. 주격인지 목적격인지도 구분하지 않고 쓸 수 있어.

> ⓐ This is the toy which/that my father made last year.
> ⓑ She is the lady who/that worked with him.

예문 ⓐ는 선행사가 사물이고 목적격이니까 *which*를 쓰는 게 맞아. 물론 만능 관계대명사 *that*을 써도 돼. 예문 ⓑ는 선행사가 사람이고 주격이니까 *who*를 쓸 수 있어. 여기에도 만능의 *that*을 써도 되지. 그런데 선행사에 상관없이 반드시 *that*만 써야 하는 경우도 있어.

ⓐ Look at the boy and the cat that are playing in the park.

ⓑ I want to drink something that can cool me down.

예문 ⓐ처럼 선행사에 사람과 사물이 같이 올 때는 *that* 말고는 대안이 없어. 선행사로 사람 *the boy*와 동물 *the cat*이 함께 와서 *who*나 *which*를 쓸 수 없거든. 예문 ⓑ처럼 선행사가 ~*thing*으로 끝나는 경우에도 관계대명사 *that*만 써야 해.

ⓐ Tom is the tallest boy that I have ever seen.

ⓑ She is the first lady that achieved such a high score.

ⓒ The only thing that I need is your support.

위 예문들처럼 선행사 앞에 최상급, 서수, *the only*, *the very*, *the same*, *all*, *no* 등이 오면, 관계대명사는 꼭 *that*을 써야 해. 한편 *that*이라도 올 수 없는 경우가 있어. 시험에 자주 나오니까 잘 기억해 둬.

ⓐ This is the letter for that I have waited. (X)

ⓑ This is the letter for which I have waited. (O)

ⓒ This is the letter that/which I have waited for. (O)

위 예문 ⓐ처럼 앞에 전치사가 있으면 *that*를 쓸 수 없어. 예문 ⓑ처럼 선행사에 맞게 *which*를 쓰거나 예문 ⓒ처럼 전치사를 맨 뒤로 보낸 다음 *that*을 쓰면 돼.

ⓐ He cooked me noodles, that were too salty. (X)

ⓑ He cooked me noodles, which were too salty. (O)

관계대명사 앞에 쉼표가 오는 계속적 용법에서도 *that*을 쓸 수 없어. *that*이 힘을 쓸 수 없는 두 가지 경우는 앞에 쉼표나 전치사가 있을 때라는 거 잊지 마.

관계대명사 what

*what*은 지금까지와는 다른 '별난 관계대명사'야. 안에 선행사가 내장되어 있어서 관계대명사 *what* 앞에는 선행사가 올 수 없거든.

예문 This is exactly what he told me.
→ This is exactly the thing(s) that/which he told me.

위 예문은 "이것이 그가 내게 말한 것이야."라는 뜻이야. 이 예문의 관계대명사 *what* 안에는 '*the thing*(*s*)+*that*/*which*'가 들어 있어. 이처럼 관계대명사 *what*은 선행사와 관계대명사를 함께 담고 있어서 그 앞에 선행사를 다시 쓸 수 없는 거지. 시험에서는 관계대명사 *what*과 모양이 같은 의문사 *what*을 구분하는 문제가 자주 나오곤 해.

ⓐ What is the most important event in your life?
ⓑ He was shocked by what she said.
ⓒ The teacher told them what to study for the next test.

위 예문에서 *what*이 관계대명사인지 의문사인지 어떻게 구분할까? *what*을 *the thing*(*s*) *that*으로 바꿨을 때 문장이 자연스러우면 관계대명사, 어색하면 의문사야. 예문 ⓐ는 의문문이라서 *what*이 '무엇'으로 해석되는 의문사이고, 예문 ⓒ는 *what* 뒤에 *to* 부정사가 와서 의문사야. 까다로운 것은 ⓑ와 같은 문장의 경우야. *what*을 "*He was shocked by the thing(s) that she said.*"로 바꿔 보면 자연스러운 문장이 되지. 그래서 이 문장의 *what*이 관계대명사라는 걸 알 수 있어. 하지만 의문을 표현하는 동사 *ask*나 *wonder* 다음에 오는 *what*은 의문사야. 예를 들어 "*She asked what he had for food yesterday.*"에서 *what*은 의문사지.

1. 밑줄 친 부분에 해당하는 것을 고르시오.

   1) She is wondering <u>what</u> to eat in China.   (관계대명사, 의문사)
   2) <u>What</u> he wrote was difficult to read.   (관계대명사, 의문사)
   3) The very person <u>who</u> told me that was Mary.   (○, ×)

2. 어법상 틀린 문장을 고르시오. (2개)

   ① I am reading an interesting book that I bought last week.
   ② The first book which I read contained useful information.
   ③ The game that we played last night was really fun.
   ④ The art gallery at that he worked had many famous paintings.
   ⑤ She forgot the store that we visited together.

정답

1. 1) 의문사 2) 관계대명사 3) ×

2. ②, ④
②는 선행사 앞에 서수 first가 있으니까 which 대신 that을 써야 하고, ④는 전치사가 있으니까 that 대신 which를 써야 해.

문장 줄이기 신공, 분사구문

분사구문 들기와 다양한 형태 학습하기

분사구문은 부사절을 부사구로 바꾸어서 문장 구조를 더 간결하게 만드는 멋진 장치야.
분사구문을 제대로 만들려면 그 종류와 시제, 그리고 생략된 부분까지 잘 알아야 해.

학습 키워드 #분사구문 #완료분사구문 #분사구문의생략 #독립분사구문
교과 연계 중3 › 분사구문

분사구문 만들기와 종류

분사구문 만들기는 '접속사+동사'로 구성된 부사절을 '동사 원형 +~*ing*'의 부사구로 전환하는 것을 말해.

> **예문** When he saw Taylor, he ran to her.
>
> → Seeing Taylor, he ran to her.

*When*으로 시작하는 밑줄 친 부분이 부사절이고, 쉼표 뒷부분이 주절이야. 부사절 부분을 분사구문으로 전환하는 방법은 다음 3단계만 지키면 돼.

① 부사절의 접속사를 생략한다.

② 부사절의 주어를 생략한다. (부사절 주어와 주절 주어가 같은 경우에만)

③ 부사절의 동사를 현재분사, 즉 '동사 원형+~ing'로 바꾼다. (부사절과 주절의 시제가 같은 경우에만)

이제 3단계를 따라 다음 문장을 분사구문으로 만들어 보자!

> ⓐ As I didn't have enough time, I had to skip my breakfast.
>
> → Not having enough time, I had to skip my breakfast.
>
> ⓑ When it is fine, my classmates play football outside.
>
> → It being fine, my classmates play football outside.

예문 ⓐ에서는 먼저 부사절의 접속사 *as*를 생략한 다음 부사절과 주절의 주어가 *I*로 일치하니까 주어를 생략했어. 마지막으로 동사 *didn't have*를 현재분사로 바꾸고 앞에 *not*을 붙여서 *not having*으로 고쳐서 부사구문을 완성했어. 예문 ⓑ도 먼저 접속사 *when*을 생략했어. 그런데 부사절의 주어가 *it*이고 주절의 주어는 *my classmates*로 달라서 부사절 주어를 생략할 수 없어. 그래서 *it*은 그대로 두고 동사 *is*는 원형인 *be*에 ~*ing*를 붙여서 현재분사 *being*으로 바꿔서 분사구문을 완성했어. 이렇게 분사구와 주절의 주어가 다른 경우는 독립 분사구문이라고 부른단다.

분사구문의 종류

분사구문은 접속사가 생략된 상태라서 주절과의 관계를 파악해야 그 의미를 알 수 있어. 그래서 숨겨진 접속사를 찾아 내는 것이 중요하지. 분사구문을 본래의 부사절로 되돌리는 연습을 해 볼까? 양방향 전환이 모두 시험에 나올 수 있으니까 집중해.

> ⓐ Seeing me, he stopped talking.
>
> ➜ When/As he saw me, he stopped talking. (시간)
>
> ⓑ Having much to do, he worked all day long.
>
> ➜ Because/Since he had much to do, he worked all day long. (이유)
>
> ⓒ Being rich, he is not happy.
>
> ➜ Although /Though he is rich, he is not happy. (양보)
>
> ⓓ Turning left, you will find the store.
>
> ➜ If you turn left, you will find the store. (조건)

예문 ⓒ의 분사구는 "그는 부자다."이고 주절은 "그는 행복하지 않다."야. 이 둘을 부드럽게 연결하려면 '비록 그는 부자이지만'이란 뜻으로 만들어야 하기 때문에 양보의 접속사 *although*나 *though*를 넣는 거야. 이런 전환을 잘하려면 독해력이 필요해. 문법과 독해를 함께 공부해야 하는 이유지.

완료 분사구문

분사구문에서 부사절과 주절의 주어가 다른 경우 부사절의 주어를 꼭 유지해야 한다고 했잖아. 부사절과 주절의 시제가 다른 경우에도 특별히 신경 써야 할 부분이 있어.

> **예문** When the sun had set, we came back home in a hurry.
>
> ➜ The sun having set, we came back home in a hurry.

앞의 예문에서 부사절의 주어는 *the sun*이고 주절의 주어는 *we*야. 이렇게 주어가 다르면 *the sun*을 유지하는 독립 분사구문이 되는 거야. 그런데 앞 예문의 부사절 시제는 과거완료인 *had set*이고, 주절의 시제는 과거인 *came*이야. 이렇게 부사절의 시제가 주절보다 더 과거인 경우, 이를 표시해 주는 장치가 필요해. 그 장치가 바로 '완료 분사'야. 완료 분사는 '*having+pp*'로 표기해. 영어 문법에서 '완료 분사'나 '완료 부정사'는 더 먼저 일어난 일을 나타내지. 앞 예문에서는 우리가 집으로 돌아간 것보다 해가 진 것이 더 먼저 일어난 일이야. 이렇게 먼저 일어난 일을 표시하려면 *setting*이 아니라 *having set*이라고 해야 해.

분사구문의 생략

분사구문 만들기 3단계에서 보았듯 분사구문은 생략을 통해 만들어져. 그런데 분사구문이 수동형인 경우는 생략해도 되는 부분이 더 있어. 수동의 의미를 위해 들어간 *being*이나 *having been*도 생략할 수 있거든.

ⓐ As I am interested in France, I know many French words.

→ (Being) Interested in France, I know many French words.

ⓑ Although the essay was written in a hurry, it sells so well.

→ (Having been) Written in a hurry, it sells so well.

예문 ⓐ는 부사절과 주절의 시제가 같으니까 분사구문은 *Being interested~*이면 돼. 그런데 여기서 수동의 *being*까지 생략할 수 있어. 물론 *being*을 생략하지 않고 유지해도 되지. 예문 ⓑ의 경우 부사절은 과거 시제이고 주절은 현재 시제야. 그래서 먼저 일어난 일을 표시하는 완료 분사구문인 *Having been written~*으로 전환되지. 그런데 여기서 수동의 *Having been*도 생략할 수 있어. 사실 이렇게 생략하는 것보다 생략된 부분이 무엇인지 찾는 게 더 어려워. 생략된 다음에는 예문 ⓐ와 ⓑ 모두 과거분사만 남기 때문에 생략한 부분이 *being*인지 *having been*인지 구분하기 어렵거든. 그래서 수동형 분사구문을 부사절로 전환할 때는 아주 조심해야 해.

1. 다음 밑줄 친 부분을 분사구문으로 바꿔 써 보자.

   1) When I saw the lion, I couldn't move at all.

   → _____, I couldn't move at all.

   2) As I didn't write down his address, I can't mail the letter now.

   → _____, I can't mail the letter now.

2. 다음 문장을 분사구문으로 바꾼 것 중 올바른 것은?

   ① If the rock is seen from a distance, it looks like a dragon.

   → Seeing from a distance, it looks like a dragon.

   ② Although he didn't feel well, he kept on studying.

   → Not feeling well, he kept on studying.

   ③ Because Jay didn't call her, she was very mad.

   → Not calling her, she was very mad.

   ④ While she was giving a presentation, she spilled her water.

   → Given a presentation, she spilled her water.

정답

1. 1) Seeing the lion,   2) Not having written down his address

2. ②

접속사와 주어가 생략되는 기본형 분사구문이야. ① 부사절의 'is seen'은 분사구문에서는 'being seen'
인데 'being'까지 생략하면 'seen'이 돼. ③은 부사절과 주절의 주어가 달라서 분사구문에서 주어인 'Jay'
를 생략할 수 없어. 그래서 'Jay not calling her'로 고쳐야 해. ④에서 'was giving'은 분사구문에서 'being
giving'이 되는데 'being'을 생략하면 'giving'이 돼야 해.

가상 현실을 만드는 가정법

가정법 과거와 과거완료의 차이

인간은 현재나 과거 상황과 정반대 상황을 가정할 때가 있어.
바로 그럴 때 가정법을 써. 현재의 반대 상황은 가정법 과거가 담당하고
과거의 반대 상황은 가정법 과거완료가 담당하는 거야.

학습 키워드 #가정법 #가정법과거 #가정법과거완료 #직설법
교과 연계 중3 > 가정법

가정법 과거

가정법 과거는 현재 사실과 반대되는 상황을 가정할 때 사용해. '만약 ~라면 …할 텐데'라는 뜻이야. 가정법 과거는 '*If*+주어+과거 동사, 주어+*would*/*could*/*should*/*might*+동사 원형'의 형태지. *If*에서 쉼표까지의 부분을 *if*절이라고 하고, 쉼표 뒷부분은 주절이라고 해. *if*절 부분에 동사의 과거가 오기 때문에 가정법 과거라고 부르는 거야.

ⓐ If my friend were here now, he could help me with this. (가정법)

ⓑ As my friend is not here now, he can't help me with this. (직설법)

예문 ⓐ는 "내 친구가 지금 여기 있다면 그 친구가 이것을 도와 줄

수 있을 텐데."라는 뜻이야. 이 해석이 틀렸다고 생각할 수도 있어. 과거 동사 *were*와 *could*를 "내 친구가 여기 있었다면, 나를 도울 수 있었을 거야."라고 해야 맞는 것처럼 보이거든. 바로 이 부분이 가정법에서 가장 어려운 점이야. 가정법에서는 과거 동사를 과거라고 하면 안 돼. 가정법의 벽을 넘으려면 "과거로 쓰고 현재로 읽자!"라는 말을 꼭 기억해야 해. 예문 ⓐ처럼 *if*절에 *be* 동사가 오면 인칭에 상관없이 *were*만 쓴다는 점도 꼭 기억해! 예문 ⓐ가 가정한 상황을 현재 상황 그대로 보여 주는 게 예문 ⓑ야. 현재 상황을 '직접' 말해 주니까 '직설법'이라고 부르지.

예문 You would be the best student, if you studied harder.(가정법)
→ You are not the best student, as you don't study harder.(직설법)

현실을 있는 그대로 "더 열심히 공부 안 하니까 넌 최고의 학생이 아니야."라고 하면 너무 직설적이잖아. 그래서 현재와 반대로 가정하면 좀 부드러워져. 이때는 동사를 과거로 바꿔야 하지. 또 직설법이 긍정문이면 부정문으로, 부정문이면 긍정문으로 바꾸는 거야. 그래야 반대 상황이 되니까. 이처럼 가정법에서는 '청개구리 정신'이 필수야.

예문 If it were not for my savings, I could not buy this car.

이 예문을 해석하면 "내 저축한 돈이 없으면, 난 이 차를 살 수 없을 거야."야. '예금한 돈이 없었다면' 하고 과거를 과거로 읽으면 안 된다는 거 알지? 가정법 과거에서는 과거 동사를 반드시 현재로 읽어야 해. 가정법 과거에서 *be* 동사는 언제나 *were*만 쓴다는 것도 기억하지? 이렇게 이해한 다음 '*If it were not for*+명사'는 '그 명사가 없다면'이라고 숙어처럼 외워 두면 좋아. 영어 말하기에서도 자주 쓰는 표현이거든. 이 가정표현 '~이 없다면'은 다음과 같이 변형될 수 있어.

> ⓐ If it were not for my savings, I could not buy this car.
> ⓑ But for my savings, I could not buy this car.
> ⓒ Without my savings, I could not buy this car.

위 세 문장은 모두 같은 뜻이야. 예문 ⓑ와 ⓒ가 가정법 문장인 예문 ⓐ로 변신할 수 있다는 점도 잘 기억해야 해.

가정법 과거완료

가정법 과거완료는 과거 사실과 반대되는 가정을 할 때 사용되고 '만약 ~였더라면 ~했을 텐데'라는 뜻이야. 가정법 과거완료는 '*If*+주어+과거완료 동사, 주어+*would/could/should/might*+have+pp'의 형태야. *if*절의 동사가 과거완료여서 가정법 과거완료라고 하지.

> ⓐ If he had woken up earlier, he would not have missed the train.
>   (가정법 과거완료)
> ⓑ As he did not wake up earlier, he missed the train. (직설법 과거)

예문 ⓐ는 "그가 더 일찍 일어났더라면 그는 기차를 놓치지 않았을 텐데."라는 뜻이야. 실제로 그는 일찍 일어나지 않았고 그래서 기차를 놓쳤어. 예문 ⓑ가 그 실제 상황을 말해 주는 직설법 문장이야. 이처럼 가정법 과거완료는 과거에 일어난 일의 반대 상황을 가정할 때 쓰이지. 가정법 과거에서 "과거로 쓰고 현재로 읽자!"였던 것처럼 가정법 과거완료는 "과거완료로 쓰고 과거로 읽자!" 여기까지 무사히 이해했다면 이제 너희는 가정법 고수라고 할 수 있어.

1. 주어진 문장을 if를 사용해 같은 의미의 문장이 되게 바꾸시오.

1) As she is happy with her job, she works hard.

→ If she _____

2) Dave can't have a dog because he lives in an apartment.

→ If Dave _____

3) As I had a lecture in the evening, I didn't go to the movies.

→ If _____

2. Choose two that are grammatically correct.

① If he had been honest, he would have been hired.

② If it were not raining, we can have lunch on the grass.

③ If he had not gone there, he would not have met her.

④ If it is not for the medicine, the boy would be in terrible pain.

⑤ If it had not rained last night, the road will not be muddy now.

정답

1. 1) were not happy with her job, she would not work hard.
   2) didn't live in an apartment, he could have a dog.
   3) I had not had a lecture in the evening, I would have gone to the movies.

2. ①,③
   둘 다 가정법 과거완료를 제대로 사용했거든. ②는 주절을 'we can have'가 아니라 'we could have'로 고쳐야 해. ④의 '그 약이 없다면'은 'If it were not for the medicine'이야. ⑤는 주절의 'will'을 'would'로 바꿔야 해. ⑤는 혼합 가정법인데 다음 장에서 자세히 설명할게.

혼합 가정법, 과거와 현재의 대화

혼합 가정법 & I wish, As if

과거가 달랐더라면 현재는 이런 상태일 텐데라고 말하고 싶을 때 있지?
그럴 땐 혼합 가정법이 필요해. 가정법의 꽃, 혼합 가정법과 특수 가정법까지 총정리해 볼게.

학습 키워드 #가정법 #혼합가정법 #I wish 가정법 #as if 가정법
교과 연계 중3, 고1 〉 가정법

혼합 가정법

앞에서 현재 상태의 반대를 가정할 때는 가정법 과거를, 과거에 일어난 일의 반대를 가정할 때는 가정법 과거완료를 사용한다고 했어. 이번에는 이 두 가정법을 섞어서 사용하는 혼합 가정법에 대해 알아볼게. 우리의 과거가 달라지면 당연히 우리의 현재도 달라지겠지? 이처럼 '지나간 과거가 달랐더라면 현재는 이렇게 다를 텐데.'라고 표현할 때 사용하는 것이 혼합 가정법이야. 그래서 혼합 가정법은 언제나 '과거에 ~했더라면, 지금은 ~할 텐데.'라는 형식이야.

ⓐ If I had not lost my wallet, I could buy you some ice cream now.
ⓑ As I lost my wallet, I can't buy you some ice cream now.

예문 ⓐ에서 *if*절은 '*had+pp*'인 가정법 과거완료이지만, 주절은 '*could*+동사 원형'인 가정법 과거야. 이렇게 과거완료와 과거가 섞여 있으니까 혼합 가정법인 거지. 이 예문을 해석하면 "내가 지갑을 분실하지 않았더라면 지금 너에게 아이스크림을 사 줄 수 있을 텐데."야. 과거에 지갑을 분실한 것이 지금 아이스크림을 사 줄 수 없는 상황으로 이어져 있지. 그래서 *if*절에는 과거를 바꿔 주는 가정법 과거완료를, 주절에는 현재를 바꿔 주는 가정법 과거를 사용한 거야. 혼합 가정법 문장의 주절에는 *now*나 *today*가 대부분 등장해. 혼합 가정법에서 현재를 보여 주는 결정적인 단서니까 꼭 확인하자. 예문 ⓑ는 실제 상황을 보여 주는 직설법 문장이야. 실제 현실은 지갑을 분실했기 때문에 현재 아이스크림을 사 줄 수 없는 안타까운 상황인 거지.

I wish 가정법

가정법 중 영어 회화에서 많이 사용하는 표현이야. 예문을 보면서 영어로 소원 말하는 법을 익혀 보자.

ⓐ I wish I were on vacation now. (I wish+가정법 과거)

→ I am sorry that I am not on vacation now. (직설법)

ⓑ I wish he had invited me to his party. (I wish+가정법 과거완료)

→ I am sorry that he didn't invite me to his party. (직설법)

위의 문장에는 *if*절이 없어서 가정문이 아닌 것처럼 보이잖아. 하지만 *I wish* 부분은 *If*와 동일한 가정 장치야. *If*가 '만약 ~라면'이라는 뜻인 것처럼 *I wish*도 소원을 말하듯 '~라면 좋겠다'라는 뜻을 담고 있지.

결국 *if*와 *I wish*는 모습만 다를 뿐 모두 '~라면'이라는 가정을 만드는 장치야. 따라서 *I wish*를 보면 *If*절이 있을 때처럼 가정법이라고 생각해야 해. *I wish* 가정법 과거에서도 '과거로 쓰고 현재로 읽자!'는 걸 그대로 적용할 수 있어. 예문 ⓐ는 "내가 지금 휴가 중이라면 좋을 텐데."야. 과거 동사 *were*를 보고 '휴가 중이었다면'이라고 해석하면 안 돼. 실제 상황을 말하는 직설법으로는 "내가 지금 휴가 중이 아니라서 유감이다."로 해석할 수 있어. 여기서 *sorry*는 '미안하다'는 의미가 아니라 '유감이다, 안타깝다'는 뜻이야. 예문 ⓑ는 "그가 나를 그의 파티에 초대했더라면 좋았을 텐데."야. 파티에 초대하지 않은 것은 과거 일이라서 그에 대한 가정은 과거완료 시제를 사용해야 해. 이처럼 '과거완료로 쓰고 과거로 읽자!'도 *I wish* 가정문에서 그대로 적용할 수 있어.

As if 가정법

가정법의 기본 규칙을 그대로 적용해서 다음 예문을 해석해 보자.

> ⓐ He talks as if he were the class president. (as if 가정법 과거)
>   → In fact, he is not the class president. (직설법)
> ⓑ He talks as if he had known her. (as if 가정법 과거완료)
>   → In fact, he did not know her. (직설법)

as if 가정법 과거도 역시 현재 사실과 반대되는 상황을 가정하고 있어. 예문 ⓐ는 "그는 마치 학급 회장인 것처럼 말한다."인데, 현재의 사실은 직설법에 나온 대로 회장이 아니야. 현재 사실에 반대되는 상황을 가정법 과거를 사용해서 표현한 거지. 예문 ⓑ는 *as if* 가정법의 과거완료

야. 이 예문은 "그는 마치 그녀를 알았던 것처럼 말한다."야. 직설법으로 해석하면 과거의 실제 상황을 알 수 있어. 실제 과거와 반대인 상황을 가정해야 해서 가정법 과거완료를 사용한 거지.

1. 다음 직설법 문장을 가정법 문장으로 전환하시오.

   1) As it rained yesterday, the streets are messy today.
      → If _____

   2) I am sorry that she lied to me then.
      → I wish _____

   3) In fact, he did not read the whole book.
      → He talks as if _____

2. 〈보기〉에서 어법상 올바른 문장인 것만을 있는 대로 모두 골라 보자.

   〈보기〉
   ⓐ If I had a robot, I would have made it do my homework.
   ⓑ If there were a flying car, we would not be late for school.
   ⓒ If I meet an actor, I would ask for a signature.
   ⓓ If I were an artist, I could paint this beautiful landscape.
   ⓔ If she had not married him, she would be happier now.

   정답
   1 1) it had not rained yesterday, the streets would not be messy today
     2) she had not lied to me then
     3) he had read the whole book

   2. ⓑ, ⓓ, ⓔ
     ⓐ는 가정법 과거이기 때문에 주절을 'I would make it~'으로 고쳐야 해. ⓒ의 if절은 'If I met an actor'로 바꿔야 가정법 과거 문장이 완성돼.

배우 윤여정,
영어 인러뷰도 연기의 일부야

한국 영화계에서 '최초'라는 수식어를 얻은 여배우가 있어. 그 선구자는 다름 아닌 배우 윤여정이야. 그녀는 우리나라 최초로 아카데미 여우조연상을 수상하며 세계적으로 연기력을 인정받았어. 완벽하지 않지만 멋지고 당당하게 영어로 수상 소감을 밝힌 그녀의 이야기, 궁금하지 않니?

윤여정, 나이를 뛰어넘은 배우, 우리에게 던지는 메시지

1947년생 원로 배우 윤여정. 그녀는 2021년 74세의 나이에 영화 〈미나리〉로 한국인 최초로 아카데미 여우조연상을 수상하며, 나이에 대한 편견을 깨뜨린 선구자야. 아시아 배우 최초로 미국 배우 조합상과 영국 아카데미 여우조연상까지 거머쥔 그녀의 업적은 그야말로 눈부실 정도야. 〈미나리〉에서 윤여정은 한국 할머니 역할을 그녀 특유의 개성을 가미해서 훌륭하게 소화해 냈어. 이는 배우로서 쌓아 온 깊은 연륜이 있었기에 가능했던 일이었지.

이화여고와 한양대 국문학과를 거쳐 배우의 길에 들어선 그녀는 다채로운 연기 활동뿐 아니라, 〈윤스테이〉와 같은 예능 프로그램에서도 빛나는 존재감을 보여 주었어. 특히 아카데미를 포함한 국제 시상식에서 보여 준 그녀의 당당하고 자연스러운 영어 실력은 '시니어 영어 열풍'을 불러일으키기도 했을 정도야.

윤여정에게 배우는 '진짜 영어'의 의미

그녀의 영어 수상 소감을 통해 우리는 '진짜 영어'에 대해 다시 생각하게 되었어. 원어민처럼 완벽한 발음으로 해야만 '진짜 영어'로 여기던 우리에게, 윤여정의 영어는 신선한 충격이었지. 때로는 어눌하고 문법적으로 완벽하지 않더라도, 자신감 넘치고 재치 있는 표현으로 자신의 생각을 전달하는 그녀의 모습이 '의사소통'이라는 영어의 본질을 일깨워 준 거야.

특히 발음이나 문법 실수에 대한 두려움 때문에 영어로 말하기 주저하는 이들에게,

윤여정은 새로운 가능성을 제시했어. '실버 영어 열풍'은 문법과 단어 암기가 영어 공부의 전부라고 생각하며 영어를 배웠던 세대에게 '나도 할 수 있다.'는 자신감을 심어 주었어.

사실 의사소통에 문제가 없다면 영어 발음이나 문법은 크게 중요하지 않아. '허용되는 영역대(band of tolerance)'라는 영어 교육학의 개념이 말해 주듯이, 상대방이 이해할 수 있는 범위 안의 발음이면 충분하거든. 문법 역시 모국어를 사용할 때처럼 완벽할 필요는 없어. 배우 윤여정은 영어 학습에서는 자신감을 갖는 것이 중요하다고 강조했지. 그녀의 영어는 완벽하지 않을지라도, 의사소통이라는 목적을 온전히 달성한 '진짜 영어'야. 너희도 윤여정의 수상 소감 영상을 보며 '나도 할 수 있다.'는 자신감을 얻었으면 해!

더 알고 싶어 119

▷ 미국배우조합상(SAG) 여우조연상 수상 영어 소감
▷ 아카데미 여우조연상 수상 소감

 📖 도서 ▷ 영상 🔍 사이트

3부

단어를 알아야 문장이 읽힌다

중학 필수 어휘, 14세트 완전 정복

좋은 친구는
어떤 단어로 설명할까?

The qualities of good friendship

좋은 우정에는 어떤 특징들이 있을까?
진정한 우정과 관련된 어휘를 중심으로 공부해 보자!

학습 키워드 #중학교어휘 #고등학교어휘 #22년교육과정어휘
교과 연계 중학교 〉 어휘

Word Play Round 1

3부에서 공부하는 어휘들은 4부 동일 주제의 독해 지문에서 다시 만나게 될 거야. 같은 어휘를 다른 장면에서 다시 만나면 너희는 '어휘 부자'로 거듭날 수 있을 거야. 다음 영어 단어를 큰 소리로 읽으면서 한글

Word	한글 뜻	유의어
1. degree n.	정도	level
2. quality n.	특징	feature
3. caring a.	보살피는	kind
4. rude a.	무례한	impolite
5. count on v.	믿다	trust
6. supportive a.	도와주는	caring
7. absolute a.	절대적인	complete
8. benefit n.	혜택	advantage

뜻과 유의어까지 5분 동안 공부해 볼까?

잘 외웠니? 학교 시험에서는 단어를 제시하고 그에 따른 영어 설명이 맞는지 묻는 문제가 자주 나올 거야. 그런 문제에 대비하기 위해 박스를 가린 뒤 다음 문제를 풀어 보자!

1. 단어와 그 영영풀이가 <u>잘못된</u> 것은?

ⓐ degree: a level that can be measured or compared

ⓑ quality: a characteristic that someone or something has

ⓒ caring: feeling or showing concern for other people

ⓓ rude: not showing respect for the feelings of other people

ⓔ count on: to add things together to find the total number

정답은 ⓒ야. 제시된 영영풀이는 '숫자를 세다.'란 뜻이고 여기에 해당하는 단어는 동사 *count*이지. 반면에 동사구 *count on*은 그 뜻이 '믿다, 의지하다'이기 때문에 영영풀이는 *to rely on someone to help you*가 맞아. 제시된 영어 설명 중에 모르는 단어가 있다면 사전을 찾아 봐. 그래야 어휘 부자가 될 수 있겠지?

2. 다음 영영풀이에 해당되는 것은?

giving help or encouragement to someone

ⓐ convincing   ⓑ inspiring   ⓒ rude

ⓓ supportive   ⑤ absolute

정답은 ⓓ야. *supportive*의 뜻은 '도와주는, 지원하는'이기 때문에 주어진 영영풀이에 해당돼. 나머지 단어들의 의미도 챙겨 볼까? ⓐ의 의미는 '설득력 있는', ⓑ는 '영감을 주는'이야. ⓒ와 ⓔ는 배운 단어네. 각각 '무례한'과 '절대적인'이지. 이번에는 영어 문장의 빈칸 채우기 문제를 통해 공부한 어휘를 다져 보자!

---

3. 문장의 의미가 같아지도록 빈칸을 채우세요.

ⓐ Good friendship is an important _____ in life.

　(좋은 우정은 인생에 매우 중요한 혜택이다.)

ⓑ _____ trust is another quality of a good friend.

　(절대적인 믿음은 좋은 친구의 또 다른 특징이다.)

ⓒ The _____ of friendship between them grew stronger.

　(그들 사이의 우정의 정도는 더 강해졌다.)

ⓐ의 답은 *benefit*, ⓑ는 *Absolute*, ⓒ는 *degree*야. 이렇게 단어를 예문을 보면서 공부하면 더 오래 기억할 수 있어.

Word Play Round 2

어휘 학습 한 라운드 더 공부할 준비 됐지? 공부 방법은 똑같아. 다음 영어 단어를 큰 소리로 읽으면서 한글 뜻과 유의어를 5분 동안 공부해 보자.

Word	한글 뜻	유의어
1. candidate n.	후보, 지원자	applicant
2. decline v.	줄다, 감소하다	decrease
3. vague a.	모호한	unclear
4. temporary a.	일시적인	brief
5. ease v.	편하게 해 주다	relieve
6. sacrifice v.	희생하다, 버리다	give up
7. fade v.	희미해지다	grow pale
8. rage n.	분노	anger

박스를 가린 뒤 다음 문제들을 실제 시험 볼 때처럼 풀어 볼까?

---

4. 자연스러운 문장을 만들 때 빈칸 어디에도 들어갈 수 없는 단어는?

〈보기〉ⓐ candidate ⓑ rude ⓒ decline ⓓ fade ⓔ vague

① Even strong friendship can _____ when there is no trust.

② There is only one _____ for the next election.

③ The instructions were so _____ that they did not know what to do.

④ As time passed, their once strong bond began to _____.

⑤ Real friends do not show their _____ to each other.

정답은 ⓑ야. *rude*가 들어갈 적당한 자리가 없거든. ⑤번 문장에는 *rude*와 비슷하지만 의미는 전혀 다른 *rage*를 넣으면, "진정한 친구들은 서로에게 분노를 보이지 않는다."란 문장을 완성할 수 있어. 나머지 문장들에서 ①번은 ⓓ *fade*를 넣어 "강한 우정조차 신뢰가 없으면 약해질 수 있다."로 완성할 수 있고, ②번은 ⓐ *candidate*이 들어가면, "다음 선거에는 후보가 한 명밖에 없다."로 해석할 수 있어. ③번은 ⓔ *vague*를 넣으면 "그 지시는 너무 모호해서 그들은 무엇을 할지 몰랐다."란 뜻이 되지. 마지막 ④번에는 ⓒ *decline*이 들어가면, "시간이 흐르자 한때 강했던 그들의 유대감은 줄기 시작했다."란 문장을 만들 수 있어. 물론 ④번에 *fade*가 들어가도 *decline*과 비슷한 의미가 될 수 있어. 그러나 이 문제는 '어디에도 들어갈 수 없는 단어'를 찾아야 하니까 정답은 ⓑ가 되는 거지. 이번에는 배운 단어들의 유의어 문제를 풀어 보자.

5. 다음 밑줄 친 부분과 바꿔 쓸 수 있는 단어로 잘못 제시된 것은?

ⓐ Sometimes, friendship is <u>temporary</u>. (=brief)

ⓑ Good friends <u>ease</u> our lives with their lasting loyalty. (=relieve)

ⓒ The boss expects me to <u>sacrifice</u> my family time. (=present)

ⓓ The man expressed his <u>rage</u> to his son. (=anger)

ⓔ The suspect's alibi was <u>vague</u>. (=unclear)

정답은 ⓒ야. *sacrifice*의 유의어는 *present*가 아니라 *give up*이니까. ⓒ를 해석하면 "그 상사는 내가 가족과의 시간을 희생하기를 기대한다."가 되지. ⓐ를 해석하면 "가끔 우정은 일시적이다." ⓑ는 "좋은 친구들은 그들의 지속적인 충성심으로 우리의 삶을 더 편안하게 한다."야. ⓓ는 "그 남자는 자기 아들에게 분노를 표현했다."이고 ⓔ는 "그 용의자의 알리바이는 모호했다."이지.

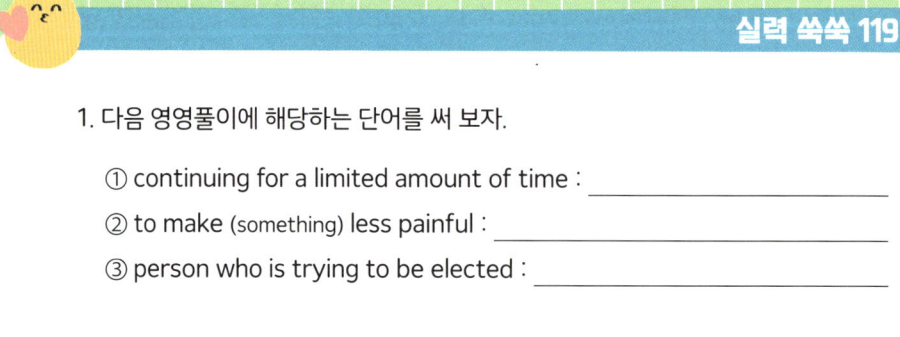

실력 쑥쑥 119

1. 다음 영영풀이에 해당하는 단어를 써 보자.

① continuing for a limited amount of time : _____

② to make (something) less painful : _____

③ person who is trying to be elected : _____

정답

① temporary ② ease ③ candidate

스트레스 받을 때 쓰는 영어 표현들, 여기 다 있어!

Good Stress and Bad Stress

영어 Stress는 이미 '스트레스'라는 외래어가 되었어.
스트레스를 설명할 때 사용하는 다른 어휘들은 어떤 것들이 있을까?
사람의 감정과 관련된 표현들을 함께 배워 볼까?

학습 키워드 #중학교어휘 #고등학교어휘 #22년교육과정어휘
교과 연계 중학교 > 어휘

Word Play Round 1

이번에는 4부의 스트레스에 관한 독해 지문에 나오는 어휘들을 여러 각도에서 익혀 보자. 영화 프리뷰처럼 단어를 미리 공부한 다음 4부 독해 지문에서 다시 만나면 이 어휘들을 잊지 않고 오래 기억할 수 있을

Word	한글 뜻	유의어
1. extreme a.	극도의	severe
2. achieve v.	달성하다	accomplish
3. adapt v.	적응하다	adjust
4. experience v.	경험하다	undergo
5. motivate v.	동기부여하다	encourage
6. concentration n.	집중	focus
7. symptom n.	증상	sign
8. appetite n.	식욕	hunger

거야. 영어 단어들을 소리 내어 읽으면서 한글 뜻과 유의어까지 5분 동안 외워 보자.

잘 외웠니? 그럼 어휘 목록을 가린 뒤에 시험 문제로 자주 나오는 영영풀이 문제를 풀어 볼까?

1. 단어와 그 영영풀이가 <u>잘못된</u> 것은?

ⓐ extreme: very serious or severe

ⓑ achieve: to get or reach something by working hard

ⓒ adapt: to change something so that it functions better

ⓓ motivate: to do or see something

ⓔ concentration: the ability to give your attention to a single object

정답은 ⓓ야. 주어진 영영풀이는 '무언가를 하거나 보다.'란 뜻이라 이에 해당하는 단어는 *experience*가 맞아. 동사 *motivate*는 '동기부여를 하다.'라는 의미여서 영어로는 *to give someone a reason for doing something*이라고 해야 하지.

2. 다음 영영풀이에 해당되는 것은?

a change in the body or mind which indicates that a disease is present

ⓐ appetite   ⓑ concentration   ⓒ motivation

ⓓ achievement   ⓔ symptom

정답은 ⓔ야. *symptom*의 한글 뜻은 '증상'이기 때문에 주어진 영영풀이에 해당돼. 나머지 단어들의 의미를 보면 ⓐ '식욕', ⓑ '집중'이야.

ⓒ는 '동기부여하다'인 *motivate*의 명사형인 '동기'이고 ⓓ는 *achieve*의
명사형 '성취'이지.

이번에는 문장의 빈칸을 채우는 문제를 풀어 보자.

3. 문장의 의미가 같아지도록 빈칸을 채우세요.

ⓐ To be healthy, you should avoid _____ long-term stress.

(건강하기 위해서 당신은 극단적이고 장기적인 스트레스를 피해야 한다.)

ⓑ The loss of sleep and _____ are signs of health problems.

(수면과 식욕 상실은 건강 문제의 신호들이다.)

ⓒ Good stress helps us _____ to changes and think creatively.

(좋은 스트레스는 우리가 변화에 적응하고 창의적으로 생각하게 도와준다.)

답은 ⓐ *extreme*, ⓑ *appetite*, ⓒ *adapt*야. 이렇게 예문으로 확인한
어휘는 더 오래 기억에 남아.

Word Play Round 2

어휘 학습 한 라운드 더 공부해 볼게. 다음 영어 단어를 큰 소리로 읽
고 5분 동안 한글 뜻과 유의어를 외우면 돼.

Word	한글 뜻	유의어
1. betray v.	배신하다	be unfaithful to
2. isolate v.	격리하다, 분리하다	separate
3. despair n.	절망	hopelessness
4. anxiety n.	불안감, 걱정	worry, concern
5. revenge n.	보복, 복수	retaliation
6. shame n.	수치심	humiliation
7. regret v.	후회하다	be sorry about
8. flexible a.	융통성 있는, 유연한	adjustable

이제 어휘 상자를 보지 않고 다음 문제들을 풀어 보자.

4. 자연스러운 문장을 만들 때 빈칸 어디에도 들어갈 수 없는 단어는?

ⓐ isolate   ⓑ anxiety   ⓒ despair   ⓓ flexible   ⓔ betray

① Good friends do not _____ each other's trust.
② When stressed out, Sarah _____ herself in a quiet corner.
③ The sudden death of his wife left David in _____
④ As the big exam got closer, she felt stronger _____
⑤ The thought of _____ made their lives even more miserable.

정답은 ⓓ야. '융통성 있는'이란 뜻인 *flexible*은 들어갈 자리가 적당한 게 없어. ⑤번 문장에는 '복수'란 뜻의 *revenge*를 넣어서 "복수라는 생각이 그들의 삶을 한층 더 비참하게 만들었다."라는 문장을 만들 수 있지. ①은 ⓔ *betray*를 넣어 "좋은 친구들은 서로의 신뢰를 배신하지 않는다." ②는 ⓐ *isolates*를 넣어 "스트레스를 받으면 사라는 조용한 구석으로 스스로를 고립시킨다."야. ③은 ⓒ *despair*를 넣으면 "그의 부인의 갑작스러운 죽음이 데이비드를 절망에 빠뜨렸다."란 뜻이지. 마지막 ④는 ⓑ '불안감'의 *anxiety*가 들어가 "큰 시험이 다가오자 그녀는 더 강한 불안감을 느꼈다."란 문장이 되지. 물론 ⑤에 '절망'인 *despair*를 넣어서 '조금 어색한' 문장을 완성할 수도 있어. 그러나 여전히 '어디에도 들어갈 수 없는 단어'는 ⓓ야.

5. 다음 밑줄 친 부분과 바꿔 쓸 수 있는 단어로 잘못 제시된 것은?
ⓐ Try to keep a <u>flexible</u> schedule to reduce your daily stress.

(=adjustable)

ⓑ He <u>regretted</u> having missed all those family dinners.

(=betrayed)

ⓒ He felt strong <u>shame</u> for having betrayed his friends.

(=humiliation)

ⓓ The desire for <u>revenge</u> made it impossible for him to relax.

(=retaliation)

ⓔ She was in <u>despair</u> after losing her dog. (=hopelessness)

　　정답은 ⓑ야. '후회하다'인 *regret*의 유의어는 *feel sorry for*이니까. ⓑ를 해석하면, "그는 모든 가족 저녁 식사를 놓친 것을 후회했다."지. ⓐ는 "일상의 스트레스를 줄이기 위해 유연한 스케줄을 유지하도록 해라." ⓒ는 "그는 친구들을 배신해서 강한 수치심을 느꼈다." ⓓ는 "복수에 대한 욕망이 그가 마음을 놓을 수 없게 만들었다."이고, ⓔ는 "그녀는 그녀의 개를 잃고 절망에 빠졌다."야.

실력 쑥쑥 119

1. 다음 영영풀이에 해당하는 단어를 써 보자.

① fear or nervousness about what might happen : _____

② to keep something in a place separate from others : _____

③ to be disloyal or unfaithful to someone : _____

정답

① anxiety ② isolate ③ betray

색이 감정을 좌우한다고? 어휘로 확인해 봐

Colors Matter

색과 관련된 다양한 어휘들이 있어. 단순히 색을 영어로 아는 것만으로는 만족할 수 없잖아.
색과 관련한 다채로운 표현들을 익혀 둔다면 너희의 영어 실력도 더욱 'colorful'해질 거야.

학습 키워드 #중학교어휘 #고등학교어휘 #22년교육과정어휘
교과 연계   중학교 〉 어휘

Word Play Round 1

이번에는 색에 관한 여러 표현들을 만나 볼까? 뒤에서 만날 같은 주제의 독해 지문에 등장하는 단어를 먼저 익히고 색과 관련된 어휘를 확장해서 배워 보자. 다음 단어들을 큰 소리로 읽어 보고 한글 뜻과 유의어까지 5분 동안 확실하게 외우자.

Word	한글 뜻	유의어
1. relaxed a.	편안한, 느긋한	comfortable
2. affect v.	영향을 주다	influence
3. represent v.	나타내다, 대표하다	symbolize
4. purity n.	순수, 청결	cleanness
5. innocence n.	무죄, 결백	guiltlessness
6. funeral n.	장례식	burial
7. warmth n.	온기, 따뜻함	heat, friendliness
8. depressive a.	우울한, 슬픈	sad, gloomy

잘 외웠으면 단어 목록을 가린 뒤에 학교 시험에 자주 나오는 영영풀이 문제를 풀어 보자.

정답은 ⓔ야. 주어진 영영풀이는 '죽은 사람을 위해 열리는 의식'이란 뜻이고 이에 해당하는 단어는 *funeral*이 맞아. 명사 *warmth*는 '온기, 따뜻함'이라는 뜻이라 영어로는 '*the quality or state of being warm in temperature*'라고 풀이해야 해.

정답은 ⓐ야. *innocence*의 한글 뜻은 '결백, 무죄'이기 때문에 주어진 영영풀이에 해당돼. 나머지 단어들의 의미를 보면, ⓑ '우울한, 슬픈', ⓒ는 '편안한, 느긋한'이지. ⓓ는 '장례식'이고 ⓔ는 '온기, 따뜻함'이야.

이번에는 문장의 빈칸을 채우는 문제야.

답은 ⓐ *innocence*, ⓑ *funerals*, ⓒ *warmth*야. 이렇게 문장 속에서 만난 어휘는 더 오래 기억에 남아. 단어를 문장의 맥락 속에서 이해하기 때문이지.

Word Play Round 2

다음 영어 단어를 소리 내어 읽고 5분 동안 한글 뜻과 유의어를 외워 보자.

Word	한글 뜻	유의어
1. be exposed to v.	노출되다	be revealed to
2. seek v.	찾다, 모색하다	look for, pursue
3. accurate a.	정확한	precise, exact
4. brilliant a.	밝은, 눈부신	bright, shining
5. distort v.	왜곡하다	twist, deform
6. clash v.	충돌하다	conflict
7. fade v.	(색이) 바래다	pale, lose color
8. vivid a.	생생한, 강렬한	vibrant, intense

이제 앞의 어휘 상자를 가린 뒤 다음 문제들을 풀어 보자!

> **4. 자연스러운 문장을 만들 때 빈칸 어디에도 들어갈 수 없는 단어는?**
>
> ⓐ distorted ⓑ sought ⓒ brilliant ⓓ clashed ⓔ fade
>
> ① Students _____ red before a test got lower scores.
> ② The artist _____ the perfect colors for her landscape.
> ③ The the sunset was _____ and colorful.
> ④ The stained glass window _____ the sunlight.
> ⑤ Her neon green dress _____ with the pale pink wallpaper.

정답은 ⓔ야. '바래다'란 의미인 *fade*는 어디에도 들어갈 수 없어. ①에는 선택지에는 없지만 앞에서 배운 *exposed to*를 넣으면 "시험 전에 빨간색에 노출된 학생들은 더 낮은 점수를 받았다."라는 문장이 완성되지. ②는 '찾다, 모색하다'인 *seek*의 과거형 ⓑ *sought*를 넣어서 "화가는 그녀의 풍경화를 위해 완벽한 색들을 찾았다."로 완성할 수 있어. ③은 ⓒ *brilliant*를 넣으면, "일몰은 밝고 화려했다."가 되지. ④는 ⓐ '왜곡하다'인 *distort*의 과거형을 넣으면, "스테인드글라스로 된 창문은 햇빛을 왜곡시켰다."란 문장이야. ⑤는 '충돌하다'인 *clash*의 과거형인 ⓓ가 들어가서 "그녀의 네온처럼 밝은 초록색 원피스는 흐린 분홍색 벽지와 충돌했다."가 되지. 마지막으로 유의어 문제를 풀어 보자.

> **5. 다음 밑줄 친 부분과 바꿔 쓸 수 있는 단어로 잘못 제시된 것은?**
>
> ⓐ The strong sunset colors <u>faded</u> to a soft lavender as night fell.
>   (=paled)
> ⓑ Her dreams were filled with <u>vivid</u> flashes of red and yellow.

ⓒ The painter used <u>accurate</u> colors to draw the flower. (=precise)

ⓓ Fresh flowers shouldn't <u>be exposed</u> to strong sunlight. (=conflict)

ⓔ The designer <u>sought</u> the perfect shade of blue. (=looked for)

정답은 ⓓ야. '노출되다'인 *be exposed*와 비슷한 표현은 *be revealed to*이니까. ⓓ를 해석하면, "신선한 꽃은 강한 햇빛에 노출되면 안 된다." 야. ⓐ는 "강한 석양빛이 밤이 되자 부드러운 라벤더색으로 희미해졌다." ⓑ는 "그녀의 꿈은 빨강과 노랑의 강렬한 섬광으로 가득 차 있었다." ⓒ는 "화가는 그 꽃을 그리기 위해 정확한 색들을 사용했다."이고, 마지막 ⓔ는 "디자이너는 완벽한 파란 색조를 찾았다."야.

실력 쑥쑥 119

1. 다음 영영풀이에 해당하는 단어를 써 보자.

① to give a false impression of something : _____

② very bright in color : _____

③ to look bad or ugly together : _____

정답

① distort　② vivid　③ clash

우주 캠프에 간다면 어떤 단어가 필요할까?

Space Camp

여름 방학에 우주 캠프에 참가한다면 어떨까?
우주 비행사의 하루를 체험하면서 우주 비행사들이 먹는 음식을 먹을 수 있다면
정말 신나겠지? 그런 상상을 하면서 우주와 관련된 어휘를 익혀 보자.

학습 키워드 #중학교어휘 #고등학교어휘 #22년교육과정어휘
교과 연계 중학교 > 어휘

Word Play Round 1

이번에는 *Space Camp*와 관련된 단어들을 공부할 거야. *Round 1*에서는 우주 비행 체험을 주제로 한 단어들을 살펴보자. 다음 단어들을 큰 소리로 읽어 보고 한글 뜻과 유의어까지 5분 동안 확실하게 외워 봐!

Word	한글 뜻	유의어
1. astronaut n.	우주 비행사	spaceman
2. found v.	설립하다, 세우다	establish, set up
3. excite v.	신나게 하다, 자극하다	thrill, stimulate
4. aviation n.	항공(술)	flying, aeronautics
5. look forward to v.	기대/고대하다	expect, wait eagerly
6. typically adv.	전형적으로	generally
7. spececraft n.	우주선	speceship
8. thrilling a.	신나는	exciting

시간이 좀 더 필요하면 3분을 더 추가해서 단어를 외워도 괜찮아. 그런 다음 앞의 단어 목록을 가리고 학교 시험에 자주 나오는 영영풀이 문제를 푸는 거야.

> 1. 단어와 그 영영풀이가 잘못된 것은?
>
> ⓐ astronaut: a person who travels in a spacecraft into outer space
>
> ⓑ found: a vehicle that is used for travel in outer space
>
> ⓒ excite: to make someone feel energetic and eager to do something
>
> ⓓ aviation: the business or practice of flying airplanes, helicopters, etc.
>
> ⓔ look forward to: to expect something with pleasure

정답은 ⓑ야. ⓑ의 영영풀이는 '우주에서 이동을 위해 사용되는 탈 것'이지. 여기에 해당하는 단어는 *found*가 아니라 *spacecraft*야.

영영풀이 문제 하나 더 풀어 보자.

> 2. 다음 영영풀이에 해당되는 것은?
>
> | used to say what normally happens |
> | --- |
>
> ⓐ typically   ⓑ spececraft   ⓒ thrilling
> ⓓ found   ⓔ aviation

정답은 ⓐ야. *typically*의 한글 뜻은 '전형적으로, 일반적으로'이기 때문에 주어진 영영풀이에 해당되거든. 나머지 단어들의 의미를 보면, ⓑ '우주선', ⓒ는 '신나는'이지. ⓓ는 '설립하다'이고 ⓔ는 '항공 또는 항공술'이야. 이번에는 예문의 빈칸을 채우는 문제야.

> 3. 문장의 의미가 같아지도록 빈칸을 채우세요.
>
> ⓐ The purpose of the facility is to _____ children in math and science. (그 시설의 목적은 아이들이 수학과 과학에 신이 나게 하는 것이다.)
>
> ⓑ He _____ tasting real astronaut food.
>
> (그는 진짜 우주 비행사 음식을 먹어 보는 것을 고대한다.)
>
> ⓒ Space Camp _____ runs for three to six days.
>
> (우주 캠프는 일반적으로 3에서 6일간 운영된다.)

적절한 답은 ⓐ *excite*, ⓑ *looks forward to*, ⓒ *typically*야. 언제나 예문으로 공부하는 단어는 더 오래 기억에 남을 거야.

Word Play Round 2

이제 우주와 관련된 어휘를 추가로 공부할 순서가 됐어. 라운드 2의 영어 단어를 큰 소리로 읽고 5분 동안 한글 뜻과 유의어를 외워 봐!

Word	한글 뜻	유의어
1. descend v.	내려오다/가다	go down
2. cooperate v.	협력하다	collaborate
3. atmosphere n.	대기(권), 분위기	air, mood
4. sophisticated a.	세련된, 정교한	refined, elaborate
5. gaze v.	바라보다, 응시하다	look, stare
6. horizon n.	지평선, 수평선	skyline
7. device n.	장치, 도구	apparatus, instrument
8. reside v.	살다, 거주하다	live, dwell

이제 어휘 상자를 보지 않고 다음 문제들을 풀어 보자.

4. 자연스러운 문장을 만들 때 빈칸 어디에도 들어갈 수 없는 단어는?

> ⓐ descended   ⓑ cooperate   ⓒ atmosphere
> ⓓ sophisticated   ⓔ gaze

① Several nations will _____ on the next Mars mission

② The spacecraft carrying three astronauts _____ on Mars.

③ A _____ robot explored the alien landscape.

④ Astronauts may one day _____ on a lunar base.

⑤ The thin _____ on Mars exposed the astronauts to serious danger.

정답은 ⓔ야. '응시하다'란 의미의 *gaze*는 어디에도 들어갈 수 없어. ④에는 *gaze*가 아니라 *reside*를 넣어서 "우주 비행사들은 아마 언젠가 달 기지에 거주할 것이다."라는 문장을 만들 수 있지. ①에는 ⓑ *cooperate*를 넣으면 "여러 국가들이 다음 화성 임무에서 협력할 것이다."가 돼. ②는 ⓐ *descended*를 넣어서 "세 명의 우주 비행사를 태운 우주선이 화성에 착륙했다."를 만들 수 있지. ③에는 ⓓ *sophisticated*가 들어가면 "정교한 로봇이 외계 풍경을 탐험했다."란 문장이 되지. ⑤는 ⓒ *atmosphere*가 들어가서 "화성의 희박한 대기는 우주 비행사들을 심각한 위험에 노출시켰다."란 문장이 돼. 이제 유의어 문제를 살펴볼까?

5. 다음 밑줄 친 부분과 바꿔 쓸 수 있는 단어로 잘못 제시된 것은?

ⓐ The curved horizon stretched before the spaceship. (=skyline)

ⓑ The landing <u>device</u> bounced on the moon's surface. (=apparatus)

ⓒ Astronauts may one day <u>reside</u> on a lunar base. (=excite)

ⓓ The spaceship carefully <u>descended</u> onto the lunar plain. (=went down)

ⓔ Space agencies <u>cooperate</u> on satellite launch. (=collaborate)

정답은 ⓒ야. '거주하다'인 *reside*의 유의어는 *live in*이니까. 4번 문제에서 만난 예문이잖아. 해석하면, "우주 비행사들은 언젠가 달 기지에 거주할 수 있을지 모른다."이지. ⓐ는 "굽은 지평선이 우주선 앞에 펼쳐졌다." ⓑ는 "착륙 장치가 달 표면에서 튕겼다." ⓓ는 "우주선은 조심스럽게 달의 평지에 내려앉았다."이고, 마지막 ⓔ는 "우주 기관들이 위성 발사에 협력한다."야.

실력 쑥쑥 119

1. 다음 영영풀이에 해당하는 단어를 써 보자.

① highly developed and complex : _____

② to look at someone or something in a steady way : _____

③ the line where the earth seems to meet the sky : _____

👍 **정답**

① sophisticated ② gaze ③ horizon

먹는 시대의 고민, 비만을 말하다

Obesity

과거엔 가난과 기아가 문제였지만 풍요의 시대를 사는 현대인에겐
비만이 큰 골칫거리가 되었어.
21세기 현대 사회가 겪고 있는 비만에 대해 함께 알아볼까?

학습 키워드 #중학교어휘 #고등학교어휘 #22년교육과정어휘
교과 연계 중학교 > 어휘

Word Play Round 1

*Round 1*에서는 4부의 비만에 관한 독해 지문에서 만나게 될 단어들
을 *preview*할 거야. 먼저 다음 단어들을 큰 소리로 읽어 보고 한글 뜻과

Word	한글 뜻	유의어
1. slender a.	날씬한	slim
2. consider v.	고려하다	think about
3. excessive a.	지나친, 과도한	extreme
4. obesity n.	비만	fatness
5. lack n.	부족, 결여	shortage
6. intake n.	섭취, 섭취량	consumption
7. physical a.	신체적, 육체적	bodily
8. genetic a.	유전적인	hereditary

유의어까지 5분 동안 확실하게 외우는 거야.

시간이 더 필요하면 3분 더 추가해도 돼. 다 외운 뒤에는 앞의 단어 목록을 가리고 학교 시험에 단골로 출제되는 영영풀이 문제에 도전해 보자.

> 1. 단어와 그 영영풀이가 잘못된 것은?
> ⓐ slender: thin especially in an attractive way
> ⓑ consider: to think about something carefully before making a
>   decision
> ⓒ excessive: going beyond what is usual, normal, or proper
> ⓓ obesity: a condition with excessive body fat that can affect
>   your health.
> ⓔ lack: an amount of food taken into the body

정답은 ⓔ야. ⓔ 영영풀이의 해석은 '몸으로 받아들여지는 음식의 양'이지. 여기에 해당하는 단어는 *lack*이 아니라 '섭취량'인 *intake*지.

영영풀이 문제 하나 더!

> 2. 다음 영영풀이에 해당되는 것은?
>
> | relating to the body of a person instead of the mind |
>
> ⓐ physical   ⓑ excessive   ⓒ genetic
> ⓓ slender   ⓔ intake

'마음보다는 사람의 몸에 관련된'이란 설명에 맞는 답은 ⓐ야. *physical*의 뜻은 '신체적, 육체적'이기 때문에 주어진 영영풀이에 해당되거든. 나머지 단어들의 의미를 보면, ⓑ '과도한', ⓒ는 '유전적'이지. ⓓ는 '날씬한'이고 ⓔ는 '섭취'야.

이번에는 문장의 빈칸을 채우는 문제가 나올 거야. 도전해 보자!

3. 문장의 의미가 같아지도록 빈칸을 채우세요.

ⓐ The country has the highest _____ rate in the world.

(그 나라는 세계에서 비만율이 가장 높다.)

ⓑ One common cause of this problem is _____ of physical activi-

ty. (이 문제의 한 가지 흔한 원인은 육체적 활동의 부족이다.)

ⓒ Another cause is excessive _____ of food.

(또 다른 원인은 과도한 음식 섭취이다.)

답은 ⓐ *obesity*, ⓑ *lack*, ⓒ *intake*야.

Word Play Round 2

이제 비만에 관련된 확장 어휘를 배울 차례가 됐어. *Round 2*의 영어 단어도 큰 소리로 읽고 5분 동안 한글 뜻과 유의어를 외워 봐!

Word	한글 뜻	유의어
1. decrease v.	줄이다, 줄어들다	reduce, diminish
2. overcome v.	극복하다	defeat
3. supplement n.	보충	addition
4. desperate a.	절망적인, 필사적인	hopeless, frantic
5. modify v.	바꾸다, 수정하다	change
6. refuse v.	거부하다, 거절하다	reject, decline
7. attitude n.	태도	view, stance
8. tragic a.	비극적인	disastrous

어휘 상자를 가린 뒤에 다음 문제들을 풀어 보자!

4. 자연스러운 문장을 만들 때 빈칸 어디에도 들어갈 수 없는 단어는?

ⓐ overcome ⓑ decrease ⓒ refuse ⓓ tragic ⓔ desperate

① Regular exercise can help _____ the risk of heart disease.
② One can _____ obesity with balanced diet and regular exercise.
③ The trainer suggested _____ food choices for weight control.
④ She was _____ for weight loss, and tried even risky diets.
⑤ Strong will helped her _____ unhealthy snacks.

정답은 ⓓ야. *tragic*은 어디에도 들어갈 수 없어. 정말 비극적이잖아. ③에는 *modify*의 동명사 *modifying*을 넣어서 "트레이너는 체중 조절을 위해 음식 선택을 바꿀 것을 제안했다."라는 문장을 만들 수 있어. ①에 ⓑ *decrease*를 넣으면 "규칙적인 운동이 심장병 위험을 줄이는 데 도움이 될 수 있다."가 돼. ②는 ⓐ *overcome*을 넣으면 "우리는 균형 잡힌 식단과 규칙적인 운동으로 비만을 극복할 수 있다."이지. ④는 ⓔ *desperate*이 들어가면, "그녀는 체중 감량에 필사적이어서 심지어 위험한 다이어트까지 시도했다."란 문장이 되지. ⑤는 ⓒ *refuse*가 들어가서 "강한 의지는 그녀가 건강하지 않은 간식을 거부할 수 있게 도와주었다."가 되는 거야. 이제 유의어 문제를 풀어 보자.

5. 다음 밑줄 친 부분과 바꿔 쓸 수 있는 단어로 잘못 제시된 것은?

ⓐ Diet changes are more effective than weight-loss supplements. (=addition)

ⓑ Modifying your eating habits makes you become healthier.

  (=changing)

ⓒ Positive attitude towards food helps you with weight control.

  (=stance)

ⓓ Fast food culture causes tragic rise in childhood obesity. (=slow)

ⓔ As she was desperate for sweets, she couldn't lose weight.

  (=frantic)

정답은 ⓓ야. '비극적'인 단어 *tragic*의 유의 표현은 *slow*가 아니라 *disastrous*이니까. ⓓ를 해석하면 "패스트푸드 문화가 소아 비만의 비극적인 증가를 일으킨다."야. ⓐ는 "식단을 바꾸는 것이 살빼기 보충제보다 더 효과적이다." ⓒ는 "음식에 대한 긍정적인 태도가 당신의 체중 조절에 도움이 된다." ⓔ는 "그녀는 단것을 필사적으로 원했기 때문에 살을 뺄 수 없었다."이지.

실력 쑥쑥 119

1. 다음 영영풀이에 해당하는 단어를 써 보자.

  ① to gain control of something difficult : _____

  ② to say that you will not accept something : _____

  ③ to make something smaller in size or amount : _____

정답

① overcome ② refuse ③ decrease

벌레가 무서울 때 쓰는 영어 단어들

Horrifying Bugs

무서운 벌레는 상상만 해도 두렵지? 다행히 그런 곤충들은 대부분 아마존 같은 먼 곳에 살아.
하지만 일부는 우리 주변에서도 발견된다니 잘 알아 둬야겠지?

학습 키워드 #중학교어휘 #고등학교어휘 #22년교육과정어휘
교과 연계 중학교 > 어휘

Word Play Round 1

4장의 *lesson* 6에서는 무서운 곤충과 만나게 될 거야. 이번 *Round* 1에서는 4장의 독해 지문에서 만날 단어들을 *preview*해 보자. 다음 단어들을 큰 소리로 읽어 보고 한글 뜻과 유의어까지 5분 동안 확실하게 외워 봐.

Word	한글 뜻	유의어
1. weird a.	기이한, 기괴한	bizarre
2. exotic a.	외국의, 이국적인	foreign
3. horrifying a.	무서운, 끔찍한	terrifying
4. hornet n.	말벌	wasp
5. remote a.	외진, 멀리 떨어진	faraway
6. ordinary a.	평범한, 보통의	usual, normal
7. substance n.	물질, 본질	material, matter
8. hive n.	벌집	beehive, colony

Are you ready? 그럼 앞 단어 목록을 보지 않고 학교 시험에 나오는 영영풀이 문제를 풀어 보자.

> 1. 단어와 그 영영풀이가 <u>잘못된</u> 것은?
>
> ⓐ ordinary: unusual or strange
>
> ⓑ exotic: not living or growing naturally in a particular area
>
> ⓒ horrifying: causing feelings of intense horror or fear
>
> ⓓ hornet: a flying insect that has a powerful sting
>
> ⓔ remote: far away from other people, houses, cities, etc.

정답은 ⓐ야. ⓐ 영영풀이의 해석은 '특이하거나 이상한'이지. 따라서 해당하는 단어는 *ordinary*가 아니라 '기이한'인 *weird*야.

영영풀이 문제 하나 더 풀어 볼까?

> 2. 다음 영영풀이에 해당되는 것은?
>
> normal or usual; not unusual, different, or special
>
> ⓐ remote   ⓑ weird   ⓒ hive   ⓓ substance   ⓔ ordinary

정답은 ⓔ야. *ordinary*의 한글 뜻은 '보통의, 정상적인'이기 때문에 주어진 영영풀이에 해당돼. 나머지 단어들의 의미를 보면, ⓐ '외진, 먼', ⓑ는 '기이한'이지. ⓒ는 '벌집'이고 ⓓ는 '물질'이야.

이번에는 문장에서 빈칸을 채우는 문제 차례야.

답은 ⓐ *hornets*, ⓑ *exotic*, ⓒ *horrifying*이야. 영어로 답을 쓰는 주관식 문제는 언제나 더 어렵지. 하지만 단어를 공부할 때는 도움이 많이 되니까 힘내자.

Word Play Round 2

이제 *Round* 2의 단어 목록이야. 큰 소리로 읽고 5분 동안 한글 뜻과 유의어를 외워 봐.

Word	한글 뜻	유의어
1. attack v.	공격하다	assault
2. patient a.	인내심 있는	enduring
3. aggressive a.	공격적인, 적극적인	hostile, ambitious
4. hazard n.	위험	danger
5. predator n.	포식자, 포식 동물	hunter
6. instinct n.	본능	inborn drive
7. exaggerate v.	과장하다	overstate
8. territory n.	영역, 지역	domain, region

이제 어휘 상자를 보지 않고 다음 문제들을 풀어 보자.

---

4. 자연스러운 문장을 만들 때 빈칸 어디에도 들어갈 수 <u>없는</u> 단어는?

ⓐ attacking　ⓑ patient　ⓒ aggressive　ⓓ hazard　ⓔ instinct

① Africanized honey bees are not that _____.

② Japanese Giant hornets are known as _____ predators.

③ Big, buzzing bees can become unexpected _____ at a picnic.

④ Ordinary honey bees wait for nine seconds before _____ you.

⑤ The spider, a silent _____, waited for its next victim.

정답은 ⓔ야. *instinct*는 어디에도 마땅한 자리가 없거든. ⑤에는 *predator*를 넣어 "조용한 포식자인 거미는 다음 희생자를 기다렸다."라는 문장을 만들 수 있어. ①에는 ⓑ *patient*를 넣어서 "아프리카화된 꿀벌은 그렇게 참을성이 있지 않다."라는 문장을 만들 수 있지. ②는 ⓒ *aggressive*을 넣으면 "일본 거대 말벌은 공격적인 포식자로 알려져 있다."라는 뜻이야. ③에는 ⓓ '위험' *hazard*이 들어가서 "큰 윙윙거리는 벌은 소풍에서 뜻밖의 위험이 될 수 있다."란 문장이 돼. ④에는 ⓐ *attacking*이 들어가서 "일반적인 꿀벌은 공격하기 전에 9초를 기다린다."로 해석할 수 있지. 이제 유의어 문제 풀 순서야.

---

5. 다음 밑줄 친 부분과 바꿔 쓸 수 있는 단어로 <u>잘못</u> 제시된 것은?

ⓐ Ladybugs, tiny garden <u>predators</u>, eat harmful bugs. (=hunters)

ⓑ Ants, driven by <u>instinct</u>, carry crumbs ten times their size.
　(=inborn drive)

ⓒ The child <u>exaggerated</u> the pain of the mosquito bite.

(=overstated)

ⓓ Hornets become aggressive attackers to protect their territory. (=domain)

ⓔ The patient spider waited by the web to catch a fly. (=restless)

정답은 ⓔ야. *patient*의 유의 표현은 *restless*가 아닌 *enduring*이니까. ⓔ를 해석하면, "인내심 많은 거미가 파리를 잡으려고 거미줄 옆에서 기다렸다."야. *restless*는 휴식이란 뜻의 *rest*에 '~이 없다'는 접미사 *less*가 붙어서 만들어진 단어야. '들떠 있는, 계속 움직이는'이란 뜻이지. ⓐ는 "정원의 포식자인 무당벌레는 해로운 벌레를 먹는다." ⓑ는 "본능에 의해 움직이는 개미는 자기 몸집 10배 크기의 부스러기를 나른다." ⓒ는 "그 아이는 모기에 물린 고통을 과장했다." ⓓ는 "말벌은 자신의 영역을 보호하기 위한 적극적인 공격자가 된다."야.

실력 쑥쑥 119

1. 다음 영영풀이에 해당하는 단어를 써 보자.

① ready and willing to fight or argue : _____

② a source of danger : _____

③ to act violently against someone or something : _____

정답

① aggressive   ② hazard   ③ attack

직접 기르는 채소, 이런 단어로 표현해요!

Growing your own Food

도시에서는 언제나 식료품을 간단하게 구할 수 있어. 건강에 신경 쓰는 경우에는 비싼 유기농 식품을 선택할 수도 있지. 어떤 사람들은 자신이 먹을 채소를 직접 키우기도 해. 이번에는 식품 관련 어휘를 배워 볼 거야.

학습 키워드 #중학교어휘 #고등학교어휘 #22년교육과정어휘
교과 연계 중학교 〉 어휘

Word Play Round 1

4부 독해 코너에 먹거리를 직접 재배하는 한 부부의 이야기가 나와. 그 내용을 잘 이해하기 위해 *Round 1*의 어휘부터 공부해 보자. 주제에 대한 궁금증을 마음에 품고 공부하면 단어들이 더 생생하게 기억날 거야.

Word	한글 뜻	유의어
1. cultivate v.	재배하다	grow, raise
2. organic a.	유기농의	natural
3. pricy a.	값비싼	expensive
4. secure v.	확보하다, 얻다	obtain, get
5. dentist n.	치과의사	tooth doctor
6. beekeeper n.	양봉가	apiculturist
7. profession n.	직업(전문직)	job, occupation
8. obtain v.	획득하다	get, acquire

다음 단어들을 큰 소리로 읽어 보고 한글 뜻과 유의어까지 5분 동안 확실하게 외워 봐.

이제 앞의 단어 목록을 가린 다음 시험 출제 빈도가 높은 영영풀이 문제를 풀어 보자.

1. 단어와 그 영영풀이가 잘못된 것은?

ⓐ cultivate: to grow and care for plants

ⓑ pricy: having a high price

ⓒ beekeeper: a type of job that requires special education or skill

ⓓ secure: to get something through effort

ⓔ organic: not using artificial chemicals

정답은 ⓒ야. ⓒ 영영풀이의 해석은 '특별한 교육이나 기술을 요구하는 직업 유형'이지. 여기에 적절한 단어는 *beekeeper*가 아니라 *profession*이야. 이 단어는 직업 중에서도 전문직을 뜻하지.

영영풀이 문제 하나 더!

2. 다음 영영풀이에 해당되는 것은?

to gain or get something usually by effort

ⓐ dentist   ⓑ beekeeper   ⓒ profession

ⓓ obtain   ⓔ cultivate

정답은 ⓓ야. *obtain*의 한글 뜻은 '획득하다'라 주어진 영영풀이에 해당되거든. 나머지 단어들의 의미를 보면, ⓐ '치과의사', ⓑ는 '양봉가'

이지. ⓒ는 '직업'이고 ⓔ는 '재배하다'야.

이번에는 문장의 빈칸을 채우는 문제를 풀 차례야.

3. 문장의 의미가 같아지도록 빈칸을 채우세요.

ⓐ Organically cultivated foods are the _____ ones.

(유기농으로 재배된 식품이 값비싼 것들이다.)

ⓑ They _____ their food safety by growing their own food.

(그들은 자신들의 먹거리를 재배해서 식품 안전을 확보한다.)

ⓒ I often visit the local _____ farmers market.

(나는 지역 유기농 농산물 직거래 장터를 자주 방문한다.)

답은 ⓐ *pricy*, ⓑ *secure*, ⓒ *organic*이야. 이제 *Round 2*로 들어가 볼까?

Word Play Round 2

다음 영어 단어를 큰 소리로 읽고 5분 동안 한글 뜻과 유의어를 외워 보자.

Word	한글 뜻	유의어
1. harvest v.	수확하다	reap, gather
2. reward n.	보상, 보답	prize
3. addictive a.	중독적인, 강렬한	compelling
4. fertile a.	비옥한	fruitful, productive
5. peasant n.	농부, 소작농	farmer
6. purchase v.	사다, 구매하다	buy, acquire
7. undergo v.	겪다, 경험하다	experience
8. dwell v.	살다, 거주하다	live, reside

이제 위 어휘 상자를 가린 뒤에 다음 문제들을 풀어 보자.

4. 자연스러운 문장을 만들 때 빈칸 어디에도 들어갈 수 <u>없는</u> 단어는?

ⓐ fertile ⓑ peasant ⓒ harvesting ⓓ reward ⓔ addictive

① Seedlings nurtured with care promised a future garden's

_____.

② Every autumn, the couple gets busy _____ delicious honey.

③ Sweet tomatoes ripened releasing _____ aroma.

④ Summer produces juicy melons from _____ fields.

⑤ Health-conscious consumers often _____ organic foods.

정답은 ⓑ야. '소작농'의 뜻인 *peasant*는 어디에도 들어갈 수 없어. ⑤에는 *purchase*를 넣어 "건강을 의식하는 소비자들은 종종 유기농 식품을 구매한다."라는 문장을 만들 수 있지. ①에는 ⓓ *reward*를 넣어 "정성으로 기른 묘목들이 미래 정원의 보상을 약속했다."라는 문장을 만들었어. ②에는 ⓒ *harvesting*을 넣어 "가을마다 부부는 맛있는 꿀을 수확하느라 분주하다."가 됐지. ③에는 ⓓ *addictive*가 들어가 "달콤한 토마토가 익으면서 중독적인 향을 발산했다."란 문장이 만들어졌어. ④에는 ⓐ *fertile*이 들어가 "여름은 비옥한 들판에서 즙이 많은 멜론을 생산한다."가 됐지. 자, 이제 유의어 문제 나간다.

5. 다음 밑줄 친 부분과 바꿔 쓸 수 있는 단어로 <u>잘못</u> 제시된 것은?

ⓐ The <u>peasant</u> carefully cared for his small vegetable garden.
(=farmer)

ⓑ Excited for summer salads, they <u>purchased</u> fresh vegetables.
(=bought)

ⓒ Generations of farmers <u>dwelled</u> on this fertile land. (=lived)

ⓓ Fruits <u>undergo</u> a ripening process before being harvested.

(=take)

ⓔ Peasants diligently <u>harvested</u> the golden wheat fields. (=reaped)

정답은 ⓓ야. *undergo*의 유의어는 *experience*이니까. ⓓ를 해석하면 "과일은 수확되기 전에 익는 과정을 거친다."야. ⓐ는 "농부는 작은 채소밭을 정성껏 돌보았다." ⓑ는 "여름 샐러드에 신이 나서 그들은 신선한 야채를 구매했다." ⓒ는 "수 세대에 걸친 농부들이 이 비옥한 땅에 거주했다." ⓔ는 "농부들은 부지런히 황금빛 밀밭을 수확했다."이지.

실력 쑥쑥 119

1. 다음 영영풀이에 해당하는 단어를 써 보자.

① a benefit or return for something done : _____

② causing a strong need to regularly do something : _____

③ able to support the growth of many plants : _____

정답

① reward ② addictive ③ fertile

물고기가 의사라고?
닥터피시 어휘 모음

Are Doctor Fish Real Doctors?

피부 문제가 생기면 너희는 어떻게 해? 대부분 피부과에 가겠지?
그런데 어떤 사람들은 물고기 의사인 닥터피시에게 도움을 구한대.
이번에는 물고기 피부과 의사와 관련된 어휘를 공부해 볼 거야.

학습 키워드　#중학교어휘 #고등학교어휘 #22년교육과정어휘
교과 연계　중학교 〉 어휘

Word Play Round 1

발을 물에 담그고 있으면 작은 닥터피시들이 몰려와 각질을 조금씩 조금씩 베어 먹는대. 4부에서 만날 이 독해 지문에 등장하는 단어를 *Round 1*에서 *preview*할 거야. 다음 단어들을 큰 소리로 읽어 보고 한글

Word	한글 뜻	유의어
1. species n.	종	kind, type
2. nibble off v.	조금씩 물어뜯다	bite off
3. ticklish a.	간질간질한	itchy
4. officially adv.	공식적으로	formally
5. recognize v.	알아보다	identify
6. completely adv.	완전히, 전적으로	totally, fully
7. expert n.	전문가	specialist
8. infection n.	감염	contamination

뜻과 유의어까지 5분 동안 확실하게 외워 보자.

　이제 앞의 단어 목록을 보지 않고 학교 시험에 자주 나오는 영영풀이 문제를 풀어 보자.

> 1. 단어와 그 영영풀이가 <u>잘못된</u> 것은?
>
> ⓐ species: a group of animals or plants that are similar
>
> ⓑ ticklish: a disease caused by germs that enter the body
>
> ⓒ nibble off: eat slowly or with small bites
>
> ⓓ recognize: to know something because of previous knowledge
>
> ⓔ officially: in a formal or public way.

　정답은 ⓑ야. ⓑ 영영풀이의 해석은 '몸에 들어간 세균으로 인한 질병'이지. 따라서 적절한 단어는 *ticklish*가 아니라 '감염'인 *infection*이야. 영영풀이 문제 하나 더 풀어 볼까?

> 2. 다음 영영풀이에 해당되는 것은?
>
> a person who has special skill or knowledge of a particular subject
>
> ⓐ species　　ⓑ dentist　　ⓒ habitat
>
> ⓓ expert　　ⓔ beekeeper

　정답은 ⓓ야. *expert*의 한글 뜻은 '전문가'이기 때문에 주어진 영영풀이에 해당돼. 사실 한 분야의 *expert*가 되려면 그 분야에서 경험이 많은 사람이어야 해. 그래서 경험이 많은 전문가인 *expert*는 경험이라는 단어 *experience*와 어원이 같아. 나머지 단어들의 의미를 보면, ⓐ '종', ⓑ

는 '치과의사'야. ⓒ는 '서식지'이고 ⓔ는 '양봉업자'야.

이제 문장의 빈칸을 채우는 문제를 풀 차례가 됐어.

3. 문장의 의미가 같아지도록 빈칸을 채우세요.

ⓐ Doctor fish can't cure the disease _____.

(닥터피시는 질병을 완전히 고칠 수는 없다.)

ⓑ The _____ would definitely spread to other people.

(감염은 분명 다른 사람들에게 퍼질 것이다.)

ⓒ The idea of tiny fish nibbling off your dead skin sounds _____

(작은 물고기들이 당신의 죽은 피부를 조금씩 물어뜯는다는 생각에 간지러울 수 있어요.)

답은 ⓐ *completely*, ⓑ *infection*, ⓒ *ticklish*야. 이렇게 문장과 함께 만나 본 어휘는 더 오래 기억될 거야! *Round* 2의 영어 단어도 큰 소리로 읽고 5분 동안 한글 뜻과 유의어를 외워 보자.

Word Play Round 2

Word	한글 뜻	유의어
1. collaborate v.	협력하다	cooperate
2. chronic a.	만성적인	long-lasting
3. hesitate v.	망설이다, 주저하다	be reluctant
4. legitimate a.	합법적인	legal, lawful
5. temporary a.	일시적인	brief, short-term
6. efficient a.	능률적인, 효율적인	effective
7. habitat n.	서식지	dwelling
8. frustrate v.	좌절시키다, 방해하다	discourage, hinder

이제 앞의 어휘 상자를 보지 않고 다음 문제들을 풀어 봐.

4. 자연스러운 문장을 만들 때 빈칸 어디에도 들어갈 수 <u>없는</u> 단어는?

ⓐ habitat ⓑ legitimate ⓒ hesitate ⓓ collaborate ⓔ chronic

① While doctor fish nibble, other fish _____ to keep the area clean.

② Doctor fish are known to treat _____ skin diseases.

③ Some fish _____ at unfamiliar bait.

④ Only divers with a _____ license can catch fish in the lake.

⑤ Sharks' streamlined bodies make them _____ hunters.

정답은 ⓐ야. '서식지'라는 뜻의 *habitat*은 들어갈 자리가 적절하지 않아. ⑤에는 *efficient*를 넣어서 "유선형 몸체가 상어를 효율적인 사냥꾼으로 만든다."라는 문장을 만들 수 있어. ①은 ⓓ *collaborate*를 넣으면 "닥터피시가 뜯어먹는 동안 다른 물고기들은 그 지역을 깨끗하게 유지하기 위해 협력한다."야. ②는 ⓔ *chronic*을 넣으면 "닥터피시는 만성 피부 질환을 치료하는 것으로 알려져 있다."지. ③에 ⓒ *hesitate*를 넣으면 "일부 물고기는 낯선 미끼에 망설인다."란 문장이 돼. ④에 ⓑ *legitimate*이 들어가면 "합법적인 면허를 가진 잠수부만이 호수에서 물고기를 잡을 수 있다."가 되지. 벌써 유의어 문제를 풀 차례가 됐어!

5. 다음 밑줄 친 부분과 바꿔 쓸 수 있는 단어로 <u>잘못</u> 제시된 것은?

ⓐ Tiny fish hide in <u>temporary</u> shelters between rocks. (=short-term)

ⓑ Predatory fish have <u>efficient</u> jaws for catching prey. (=effective)

ⓒ Mangrove forests provide an important <u>habitat</u> for fish. (=food)

ⓓ Dam construction <u>frustrates</u> salmon migration. (=discourages)

ⓔ Tadpoles <u>hesitate</u> to leave their protected pond habitat.
(=are reluctant)

정답은 ⓒ야. '서식지'인 *habitat*의 유의어 표현은 *territory*나 *home* 이니까. ⓒ를 해석하면 "맹그로브 숲은 물고기에게 중요한 서식지를 제공한다."이지. ⓐ는 "작은 물고기들은 바위 사이에 있는 임시 은신처에 숨는다." ⓑ는 "포식성 물고기는 먹이를 잡는 데 효율적인 턱을 가지고 있다." ⓓ는 "댐 건설은 연어 이주를 좌절시킨다." ⓔ는 "올챙이들은 보호된 연못 서식지를 떠나는 것을 망설인다."야.

실력 쑥쑥 119

1. 아래 영영풀이에 해당하는 단어를 쓰시오

① allowed according to rules or laws : _____

② to work with others to achieve something : _____

③ occurring again and again for a long time : _____

정답
① legitimate ② collaborate ③ chronic

소리 때문에 상처받는 귀, 어휘로 알아보기

Are You Safe from Noise?

너희는 음악을 어떻게 듣고 있어? 아무리 좋은 음악이라도 너무 크게 오랫동안 들으면 청력을 손상시킬 수 있다고 해. 어떻게 하면 음악을 즐기면서 우리의 청력도 지킬 수 있을까? 이와 관련된 어휘부터 먼저 공부해 볼까?

학습 키워드 #중학교어휘 #고등학교어휘 #22년교육과정어휘
교과 연계 중학교 〉 어휘

Word Play Round 1

생각보다 많은 사람들이 위험 수준의 소음에 노출되어 있다고 해. 현대인의 청력을 위협하는 소음 문제를 다루는 독해 지문에서 만나게 될 단어를 *Round* 1에서 *preview*해 보자. 다음 단어들을 큰 소리로 읽어 보고

Word	한글 뜻	유의어
1. essential a.	필수적인, 중요한	vital, crucial
2. impairment n.	손상, 장애	damage, disability
3. definitely adv.	분명히, 확실히	certainly, surely
4. communication n.	소통	exchange
5. behavior n.	행동	action, conduct
6. uninterrupted a.	중단되지 않은	continuous, steady
7. avoid v.	피하다	shun, evade
8. psychological a.	심리적인	mental

한글 뜻과 유의어까지 5분 동안 확실하게 외워 보는 거야.

이제 앞의 단어 목록을 가린 뒤에 학교 시험에 자주 등장하는 영영 풀이 문제에 도전해 보자.

1. 단어와 그 영영풀이가 <u>잘못된</u> 것은?

ⓐ essential: extremely important and necessary

ⓑ communication: process of using words to express information

ⓒ behavior: the conditions that affect an event or an action

ⓓ definitely: in a way that is certain or clear

ⓔ impairment: a condition where a part of your body or mind is damaged

정답은 ⓒ야. ⓒ 영영풀이의 해석은 '사건이나 행동에 영향을 주는 조건들'이지. 따라서 이에 어울리는 단어는 *behavior*가 아니라 '상황'을 의미하는 *circumstance*야. 영영풀이 문제 하나 더 풀자!

2. 다음 영영풀이에 해당되는 것은?

to stay away from someone or something

ⓐ psychological   ⓑ behavior   ⓒ avoid

ⓓ essential   ⓔ uninterrupted

정답은 ⓒ야. *avoid*의 한글 뜻은 '피하다'이기 때문에 주어진 영영풀이에 어울리거든. 나머지 단어들의 의미를 보면 ⓐ는 '심리적인', ⓑ는 '행동'이지. ⓓ는 '필수적인'이고 ⓔ는 '중단 없는'이야.

이번에는 문장의 빈칸을 채우는 문제를 풀 차례야.

3. 문장의 의미가 같아지도록 빈칸을 채우세요.

ⓐ Hearing impairment is a serious problem that we should _____.

　(청각장애는 우리가 피해야 할 심각한 문제이다.)

ⓑ A good night's sleep is important for _____ health.

　(숙면은 심리적 건강을 위해 중요하다.)

ⓒ Many people in cities can't enjoy _____ sleep at night.

　(도시에서 많은 사람들이 밤에 중단 없는 수면을 누리지 못한다.)

답은 ⓐ *avoid*, ⓑ *psychological*, ⓒ *uninterrupted*야.

Round 2 확장 어휘를 살펴볼까?

Word Play Round 2

이번에도 영어 단어를 큰 소리로 읽고 5분 동안 한글 뜻과 유의어를
외워 보자.

Word	한글 뜻	유의어
1. calculate v.	계산하다	compute, measure
2. circumstance n.	상황, 환경	situation
3. whisper v.	속삭이다	murmur
4. undermine v.	약화시키다	weaken
5. interfere v.	간섭하다	meddle
6. neglect v.	무시하다, 소홀히 하다	ignore, overlook
7. exceed v.	넘다, 초과하다	surpass
8. impact n. v.	영향, 영향을 주다	effect, affect

이제 앞의 어휘 상자를 가린 뒤에 다음 문제들을 풀어 보자.

4. 자연스러운 문장을 만들 때 빈칸 어디에도 들어갈 수 없는 단어는?

ⓐ circumstance ⓑ undermine ⓒ exceeded ⓓ whispered ⓔ calculate

① Constant loud music can _____ your ability to hear.
② She _____ a prayer before stepping onto the stage.
③ Traffic's noises _____ whispers, blocking conversations.
④ The noisy _____ made conversation difficult.
⑤ Loud factory noises _____ with workers' hearing safety.

정답은 ⓔ야. '계산하다'라는 의미인 *calculate*는 들어갈 자리가 없어. ⑤에는 *interfere*를 넣어서 "시끄러운 공장 소음이 작업자의 청력 안전을 방해한다."라는 문장을 만들 수 있지. ①은 ⓑ *undermine*을 넣으면 "지속적인 시끄러운 음악이 당신의 듣기 능력을 손상시킬 수 있다."라는 문장이 돼. ②는 ⓓ *whispered*를 넣어서 "그녀는 무대에 오르기 전에 기도를 속삭였다."가 되지. ③에 ⓒ *exceeded*가 들어가서 "교통 소음이 속삭이는 소리보다 커서 대화를 막았다."란 문장이 만들어졌어. ④에 ⓐ *circumstance*가 들어가서 "시끄러운 상황이 대화를 어렵게 만들었다."가 되었지. 이제 유의어 문제를 풀어 볼까?

5. 다음 밑줄 친 부분과 바꿔 쓸 수 있는 단어로 잘못 제시된 것은?

ⓐ Neglecting ear protection undermined his ability to hear.
　(=computing)

ⓑ Constant construction noise had a bad impact on his hearing.
　(=effect)

© Scientists <u>calculated</u> safe decibel to prevent hearing damage.

(=measured)

ⓓ Industrial noise <u>undermines</u> workers' hearing. (=weakens)

ⓔ The concert's volume often <u>exceeds</u> safe noise limits. (=surpasses)

정답은 ⓐ야. *neglect*의 유의어 표현은 *ignore*이니까. ⓐ를 해석하면 "귀 보호를 무시한 것이 그의 청각 능력을 손상시켰다."가 되지. ⓑ는 "지속적인 건축 소음이 그의 청력에 나쁜 영향을 주었다." ⓒ는 "과학자들은 청력 손상을 방지하기 위해 안전한 데시벨을 계산했다." ⓓ는 "산업 소음이 노동자의 청력을 약화시킨다." ⓔ는 "콘서트의 볼륨이 종종 안전한 소음 한계를 초과한다."지.

실력 쑥쑥 119

1. 다음 영영풀이에 해당하는 단어를 써 보자.

① to get involved in the activities of other people _____

② to go beyond an allowed limit : _____

③ a powerful or major influence or effect : _____

👍 **정답**

1. interfere   2. exceed   3. impact

몸과 마음을
치유하는 허브 어휘

Healing Herbs

향기로운 허브차를 마시며 감미로운 음악을 들으면 기분이 좋아지지.
허브는 단순히 향만 좋은 게 아니라 우리의 몸과 마음을 치유하는 성분까지 들어 있대.
이렇게 고마운 허브와 관련된 어휘들을 공부해 보자.

학습 키워드 #중학교어휘 #고등학교어휘 #22년교육과정어휘
교과 연계 중학교 > 어휘

Word Play Round 1

허브에 대해 더 잘 알게 되면 우리 삶의 질도 높아질 수 있어. 4부에서 우리는 건강에 도움을 주는 다양한 허브에 관한 독해 지문을 만나게 될 거야. 먼저 허브 관련 어휘를 잘 *preview*해 보자. 다음 단어들을 큰 소

Word	한글 뜻	유의어
1. properties n.	성질, 특성	qualities, traits
2. prevent v.	막다, 예방하다	stop, forestall
3. pleasant a.	즐거운, 기분좋은	delightful, enjoyable
4. heal v.	치유하다	cure, remedy
5. grill v.	굽다	roast, barbecue
6. sprinkle v.	뿌리다	spray, scatter
7. medicinal a.	약효가 있는	healing, curative
8. combat v.	싸우다	fight, battle

리로 읽어 보고 한글 뜻과 유의어까지 5분 동안 확실하게 외우는 거야.

이제 앞의 단어 목록을 보지 않고 학교 시험에 자주 나오는 영영풀이 문제를 풀어 보자.

1. 단어와 그 영영풀이가 잘못된 것은?

ⓐ pleasant: causing a feeling of happiness or pleasure

ⓑ heal: to fight against something bad or undesirable

ⓒ prevent: to stop someone or something from doing something

ⓓ properties: the inherent features of something.

ⓔ grill: to cook food on a metal frame over fire

정답은 ⓑ야. ⓑ의 영영풀이 해석은 '나쁘거나 바람직하지 않은 무엇인가와 맞서 싸우다.'이지. 따라서 여기에 어울리는 단어는 *heal*이 아니라 *combat*가 되는 거야. 영영풀이 문제 하나 더!

2. 다음 영영풀이에 해당되는 것은?

to drop or spread small pieces of something over something

ⓐ sprinkle   ⓑ heal   ⓒ combat   ⓓ medicinal   ⓔ prevent

정답은 ⓐ야. *sprinkle*의 한글 뜻은 '뿌리다'이기 때문에 주어진 영영풀이에 해당돼. 잔디밭에 물을 뿌려 주는 장치를 스프링클러라고 하지. 이 *springkler*는 *springkle*에 장치를 의미하는 접미사 *er*을 추가해서 만들어진 단어야. 나머지 단어들의 의미를 보면, ⓑ는 '치유하다'이고, ⓒ는 '싸우다', ⓓ는 '약효가 있는'이고 ⓔ는 '막다, 예방하다'야.

이번에는 문장에서 빈칸을 채우는 문제를 풀 차례지.

3. 문장의 의미가 같아지도록 빈칸을 채우세요.

ⓐ It is helpful to learn about the _____ of the herbs around us.

(우리 주변에 있는 약초의 성질에 대해 알아보는 것이 도움이 된다.)

ⓑ Rosemary holds some wonderful _____ effects.

(로즈마리는 놀라운 치유 효과를 가지고 있다.)

ⓒ People grow herbs for their _____ scent.

(사람들은 기분 좋은 향 때문에 허브를 기른다.)

답은 ⓐ *properties*, ⓑ *healing*, ⓒ *pleasant*야. 향기로운 허브를 생각하며 힘을 내서 *Round 2* 확장 어휘도 아자!

Word Play Round 2

이번에도 영어 단어를 큰 소리로 읽고 5분 동안 한글 뜻과 유의어를 외워 보자.

Word	한글 뜻	유의어
1. relieve v.	완화하다, 줄이다	alleviate, lessen
2. depression n.	우울, 침울	gloom, melancholy
3. inherent a.	타고난, 고유의	inborn, intrinsic
4. persuade v.	설득하다	convince
5. substitute n.	대체물, 대리인	replacement
6. utilize v.	활용하다	use, employ
7. enhance v.	높이다, 향상시키다	boost, improve
8. outstanding a.	뛰어난	remarkable

이제 위 어휘 상자를 가린 뒤에 다음 문제들을 풀어 보자.

4. 자연스러운 문장을 만들 때 빈칸 어디에도 들어갈 수 <u>없는</u> 단어는?

ⓐ depression ⓑ substitute ⓒ persuaded ⓓ relieve ⓔ inherent

① The herb can _____ tension we get from our daily lives.

② Some herbs are known to have meaningful effects on _____

③ Many cultures have relied on the _____ healing properties of herbs.

④ People are _____ of the healing effects of fragrant, colorful herbs.

⑤ The village holds an _____ collection of medicinal herbs.

정답은 ⓑ야. '대체물'을 의미하는 *substitute*는 들어갈 자리가 없거든. ⑤에는 *outstanding*을 넣어 "그 마을은 뛰어난 약초 컬렉션을 보유하고 있다."라는 문장을 만들 수 있어. ①은 ⓓ *relieve*를 넣어 "허브는 우리가 일상 생활에서 얻는 긴장을 줄일 수 있다."라는 문장을 완성했어. ②는 ⓐ *depression*을 넣어 "어떤 약초들은 우울증에 의미 있는 영향을 주는 것으로 알려져 있다."를 만들었지. ③에는 ⓔ *inherent*이 들어가 "많은 문화가 허브의 고유한 치유 특성에 의존해 왔다."란 문장이 됐어. ④에는 ⓒ *persuaded*가 들어가서 "사람들은 향기롭고 다채로운 허브의 치유 효과에 대해 설득된다."가 됐지. 이제 유의어 문제를 풀 차례야.

5. 다음 밑줄 친 부분과 바꿔 쓸 수 있는 단어로 <u>잘못</u> 제시된 것은?

ⓐ She uses herbs as <u>substitutes</u> for conventional medications.
  (=replacements)

ⓑ More research is needed to <u>persuade</u> doctors of herbs' value.
  (=convince)

© Certain herbs possess <u>inherent</u> healing properties. (=intrinsic)

ⓓ Research continues to <u>enhance</u> our understanding of herbs.
(=improve)

ⓔ Traditional medicine often <u>utilizes</u> herbs to treat ailments.
(=neglects)

정답은 ⓔ야. '활용하다'인 *utilize*의 유의어는 *use*나 *employ*이니까. ⓔ를 해석하면 "전통 의학은 종종 질병을 치료하기 위해 허브를 사용한다."이지. ⓐ는 "그녀는 전통적인 약의 대체물로 약초를 사용한다." ⓑ는 "약초의 가치에 대해 의사들을 설득하기 위해 더 많은 연구가 필요하다." ⓒ는 "특정 허브는 고유한 치유 특성을 가지고 있다." ⓓ는 "연구는 허브에 대한 우리의 이해를 계속 향상시키고 있다."야.

실력 쑥쑥 119

1. 다음 영영풀이에 해당하는 단어를 써 보자.

① a state of feeling sad : _____

② extremely good or excellent : _____

③ to reduce or remove something, such as pain : _____

정답
① depression ② outstanding ③ relieve

뜨끈뜨끈한 온천은
어떤 어휘로 말할까?

Hot Springs

추운 겨울날을 멋진 풍경 속 따뜻한 온천에서 보낼 수 있다면 더 바랄 것이 없겠지.
온천은 우리의 기분을 좋게 할 뿐 아니라 실제로 몸에도 좋은 효과가 있대.

학습 키워드 #중학교어휘 #고등학교어휘 #22년교육과정어휘
교과 연계   중학교 〉 어휘

Word Play Round 1

4부에 있는 온천과 간헐천에 관한 지문을 꼼꼼히 독해하면 온천이
우리에게 주는 혜택에 관해 자세히 알게 될거야. 그 지문에서 만날 새로
운 단어들을 *Round* 1에서 먼저 공부하자. 단어들을 큰 소리로 읽어 보고

Word	한글 뜻	유의어
1. location n.	위치	position, place
2. fascinate v.	매혹하다, 사로잡다	enchant, captivate
3. spectacular a.	멋진, 장관인	stunning, impressive
4. spring n. v.	샘, 뛰어오르다	well, leap
5. destination n.	목적지	goal, journey's end
6. geyser n.	간헐천	hot spring
7. gigantic a.	거대한	huge, enormous
8. molten lava n.	녹은 용암	magma

한글 뜻과 유의어까지 5분 동안 확실하게 외워 주는 거야.

이제 앞의 단어 목록을 가리고 학교 시험의 단골인 영영풀이 문제에 도전해 볼까?

정답은 ⓓ야. ⓓ 영영풀이의 해석은 '땅이나 물 지역의 상부 층'이라서 적절한 단어는 *spring*이 아니라 '표면'을 의미하는 *surface*이거든. 이 단어는 *Round* 2 훈련에서 만날거야. 영영풀이 문제 하나 더 풀어 볼까?

정답은 ⓑ야. *spectacular*의 한글 뜻은 '멋진'이라서 '모습이나 효과가 매우 인상적이고 극적인'이라는 영영풀이에 해당되거든. 나머지 단어들의 의미를 보면, ⓐ는 '표면', ⓒ는 '뛰어오르다', ⓓ는 '거대한'이고 ⓔ는 '고유의'야. 바로 이어서 예문에서 빈칸을 채우는 문제를 풀어 보자.

정답은 ⓐ *geysers*, ⓑ *molten lava*, ⓒ *destination*이야. 솟아오르는 간헐천의 힘으로 *Round* 2 확장 어휘도 공부해 볼까.

Word Play Round 2

다시 한번 영어 단어를 큰 소리로 읽고 5분 동안 한글 뜻과 유의어를 외워 보자.

Word	한글 뜻	유의어
1. surface n.	표면	top, face
2. enthusiastic a.	열렬한, 열정적인	eager, passionate
3. complain v.	불평하다	protest, grumble
4. contribute to v.	~에 기여하다	play a part in
5. praise v.	칭찬하다	commend, applaud
6. magnificent a.	멋진, 훌륭한	impressive, superb
7. overwhelm v.	압도하다	impress, overcome
8. satisfy v.	만족시키다	fulfill, meet

이제 위 어휘 상자를 가리고 다음 문제들을 풀어 볼까.

4. 자연스러운 문장을 만들 때 빈칸 어디에도 들어갈 수 없는 단어는?

ⓐ enthusiastic   ⓑ contributes to   ⓒ overwhelmed
ⓓ complained   ⓔ surface

① Mineral-rich water bubbled to the _____ of the hot spring.

② Tourists showed _____ interest in the minerals of the hot spring.

③ Despite the long wait, no one _____ about the water quality.

④ The hot spring's therapeutic water _____ its popularity.

⑤ The hot spring's water was _____ for its relaxing effects.

정답은 ⓒ야. '압도된'이란 의미의 *overwhelmed*는 어디에도 들어갈 수 없거든. ⑤번에는 *praised*를 넣어서 "온천수는 그 진정 효과로 찬사를 받았다."라는 문장이 됐어. 나머지 문장의 해석을 보면, ①번에는 ⓔ *surface*를 넣어 "미네랄이 풍부한 물이 온천 표면까지 보글보글 올라왔다."야. ②번은 ⓐ *enthusiastic*을 넣어 "관광객들은 온천의 미네랄에 대해 배우는 것에 열정적이었다."야. ③번에는 ⓓ *complained*가 들어가 "오랜 기다림에도 불구하고 아무도 수질에 대해서는 불평하지 않았다."란 문장이 됐어. ④번에는 ⓑ *contributes to*가 들어가 "치료 효과가 있는 온천수가 온천의 인기에 기여한다."가 됐지. 이제 유의어 문제를 풀어 볼 차례야

5. 다음 밑줄 친 부분과 바꿔 쓸 수 있는 단어로 잘못 제시된 것은?

ⓐ <u>Enthusiastic</u> bathers enjoyed the hot spring's healing powers.

  (=eager)

ⓑ Visitors <u>praised</u> the hot spring's soothing mineral water.

  (=applauded)

© The hot spring perfectly <u>satisfied</u> its visitors' expectation.

(=met)

ⓓ The scenic view of the geyser <u>overwhelmed</u> them. (=convinced)

ⓔ A(n) <u>magnificent</u> hot spring always attracts many tourists.

(=impressive)

정답은 ⓓ야. 이 문장에서 *overwhelmed*는 압도적인 풍경이 그들에게 깊은 인상을 주었다는 의미라서 *impressed*로 대체하면 적당하거든. 그래서 '설득하다'란 의미의 *convinced*는 어울리지 않아. 나머지 선택지들도 해석해 볼까?

ⓐ는 "열정적인 목욕객들이 온천의 치유력을 즐겼다." ⓑ는 "방문객들은 온천의 진정시켜 주는 광천수를 칭찬했다." ⓒ는 "온천은 방문객들의 기대를 완벽하게 충족시켰다." 마지막으로 ⓔ는 "훌륭한 온천은 항상 많은 관광객들을 끌어들인다."야. 이만큼 어휘를 챙겼으니 4부의 온천에 대한 지문은 거뜬하게 해석할 수 있겠어.

실력 쑥쑥 119

1. 다음 영영풀이에 해당하는 단어를 써 보자.

① to say that you do not like something : _____

② to say good things about someone or something : _____

③ an outside part or layer of something: _____

정답

① complain ② praise ③ surface

142

기분까지 좋게 하는
좋은 냄새 어떻게 말하지?

Smells Good Feels Good

어떤 냄새는 기분을 좋게 만들고, 어떤 냄새는 불쾌감을 유발하지.
우리의 후각은 정서적인 기억과 관련이 있다고 해. 인간의 후각에 관련된
다양한 어휘를 공부해 보자.

학습 키워드 #중학교어휘 #고등학교어휘 #22년교육과정어휘
교과 연계 중학교 〉어휘

Word Play Round 1

4부 지문에서 냄새와 후각에 관련된 여러 어휘를 만나게 될 거야. 이 지문을 읽기 위한 준비로 어휘 *Round* 1 공부 시작하자. 단어들을 큰 소리로 읽어 보고 한글 뜻과 유의어까지 5분 동안 확실하게 외우는 거야.

Word	한글 뜻	유의어
1. tend to v.	경향이 있다	be inclined to
2. ignore v.	무시하다	disregard, neglect
3. influence v.	영향을 주다	affect
4. scent n.	향기	aroma, fragrance
5. remind v.	상기시키다	bring to mind
6. shade n.	그늘	shadow
7. process v.	처리하다	handle
8. interact with v.	상호 작용하다	relate with

이제 앞의 단어 목록을 보지 않고 학교 시험에 자주 등장하는 영영 풀이 문제를 풀어 보자.

1. 단어와 그 영영풀이가 잘못된 것은?

ⓐ tend to: used to describe what often happens

ⓑ ignore: to refuse to show that you hear or see

ⓒ influence: to make something clearer or more distinct

ⓓ scent: a pleasant smell that is produced by something

ⓔ remind: to make someone think about something again

정답은 ⓒ야. ⓒ 영영풀이의 해석은 '무언가를 더 명확하고 또렷하게 만들다.'야. 적절한 단어는 *influence*가 아니라 '예리하게 하다, 선명하게 하다'인 *sharpen*이지. 영영풀이 문제 하나 더 풀어 볼까?

2. 다음 영영풀이에 해당되는 것은?

an area of slight darkness produced by something blocking the sunlight

ⓐ process ⓑ scent ⓒ influence ⓓ shade ⓔ judgement

정답은 ⓓ야. 주어진 영영풀이는 '햇빛을 가리는 무언가에 의해 생기는 살짝 어두운 영역'이야. 그럼 해당하는 단어는 *shade*가 되겠지. 사실 우리 눈을 가릴 때 착용하는 선글라스를 대신해서 *shade*라고 하기도 해. 선글라스의 기능은 '눈에 그림자를 만들어 주는 것'이니까. 나머지 단어들의 의미를 보면 ⓐ는 명사로는 '과정', 동사로는 '처리하다', ⓑ는 '향기', ⓒ는 명사로는 '영향', 동사로는 '영향을 주다.'이고, 마지막 ⓔ는

Round 2에서 만나게 될 '판단'이야. 이번에는 주어진 문장의 빈칸을 채우는 문제를 풀어 보자.

> 3. Fill in the blanks so that the sentences have the same meaning.
> ⓐ Smells _____ the brain area that stores emotional memories.
>   (냄새는 감정 기억을 저장하는 뇌 영역과 상호 작용한다.)
> ⓑ Our brain _____ different smells differently.
>   (우리의 뇌는 다른 냄새를 다르게 처리한다.)
> ⓒ We often tend to _____ the power of our sense of smell.
>   (우리는 종종 후각의 힘을 무시하는 경향이 있다.)

답은 ⓐ *interact with*, ⓑ *processes*, ⓒ *ignore*야. 이제 *Round* 2로 들어가 볼까?

Word Play Round 2

이번에도 영어 단어를 큰 소리로 읽고 5분 동안 한글 뜻과 유의어를 차분하게 외워야 해.

Word	한글 뜻	유의어
1. emotional a.	감정적인, 정서적인	sentimental
2. researcher n.	연구원	scientist, analyst
3. evolution v.	진화, 발전	advancement
4. sharpen v.	날카롭게 하다	refine, enhance
5. reasoning n.	추론	inference
6. judgement n.	판단	decision, assessment
7. disgusting a.	역겨운	sickening
8. harsh a.	가혹한, 혹독한	severe

이젠 앞의 어휘 상자를 보지 않고 아래 문제들을 풀어 보는 거야.

4. 자연스러운 문장을 만들 때 빈칸 어디에도 들어갈 수 <u>없는</u> 단어는?

ⓐ sharpened ⓑ researchers ⓒ evolution ⓓ emotional ⓔ shade

① The aroma of fresh bread triggered a surprising _____ impact.
② _____ checked the effects of the different smells on our brain.
③ Based on their _____, they decided to explore a different path.
④ _____ gave humans a powerful sense of smell.
⑤ His experience with perfume _____ his sense of smell.

정답은 ⓔ야. 그늘을 의미하는 *shade*는 들어갈 자리가 없어. 아무래도 *shade*는 그늘에 숨어 있어야 할 듯해. ③번에는 *reasoning*을 넣어 "그들은 추론을 바탕으로 다른 길을 탐험하기로 결정했다."라는 문장을 만들 수 있어. 나머지 문장의 해석을 보면, ①번에는 ⓓ *emotional*을 넣어 "신선한 빵의 향기가 뜻밖의 감정적인 영향을 촉발시켰다."가 돼. ②번에는 ⓑ *researchers*가 들어가 "연구원들은 다양한 냄새가 우리 뇌에 미치는 영향을 확인했다."가 됐어. ④번에는 ⓒ *evolution*이 들어가서 "진화는 인간에게 강력한 후각을 주었다."란 문장이 완성돼. 마지막 ⑤번에는 ⓐ *sharpened*가 들어가 "그의 향수 경험이 그의 후각을 날카롭게 했다."가 되는 거야. 마지막으로 유의어 문제를 풀어 보자!

5. 다음 밑줄 친 부분과 바꿔 쓸 수 있는 단어로 <u>잘못</u> 제시된 것은?
ⓐ Our sense of smell leads to quick <u>judgment</u> about food safety.
  (=process)

ⓑ The <u>disgusting</u> smell of rotten cheese filled the air. (=sickening)

ⓒ The <u>harsh</u> winter weather made it difficult to travel. (=severe)

ⓓ The pleasant scents helped him with his <u>reasoning</u>. (=thinking)

ⓔ Fresh coffee's aroma <u>sharpened</u> his concentration. (=improved)

정답은 ⓐ야. 판단을 의미하는 단어 *judgment*의 유의어는 *process*가 아니라 *decision*이니까. ⓐ를 해석하면, "우리의 후각이 식품 안전에 대한 빠른 판단으로 이어진다."야. 나머지 선택지들의 해석을 보면, ⓑ는 "썩은 치즈의 역겨운 냄새가 공기를 채웠다." ⓒ는 "가혹한 겨울 날씨가 여행하는 것을 어렵게 만들었다." ⓓ는 "기분 좋은 향기가 그의 추론에 도움이 되었다." 마지막으로 ⓔ는 "신선한 커피의 향이 그의 집중력을 날카롭게 했다."야.

실력 쑥쑥 119

1. 아래 영영풀이에 해당하는 단어를 써 보자.

① expressing strong feelings : _____

② a process of slow change and development : _____

③ a person who studies a subject systematically : _____

정답

① emotional ② evolution ③ researcher

태평양에 쓰레기 더미가 둥둥, 뭐라고 해야 할까?

The Great Pacific Garbage Patch

우리가 무심코 쓰고 버리는 플라스틱 병과 포장지가 어디로 가는지 생각해 본 적 있어?
놀랍게도, 그 일부가 태평양 한가운데에 거대한 쓰레기 섬을 이루고 있대.
이 충격적인 쓰레기 섬과 관련된 어휘를 공부해 볼까?

학습 키워드 #중학교어휘 #고등학교어휘 #22년교육과정어휘
교과 연계 중학교 〉어휘

Word Play Round 1

4부에서 태평양의 거대한 쓰레기 더미에 관한 리딩 지문을 만날 거야. 지문의 내용을 읽고 나면 환경에 대한 우리 인식이 조금 더 높아질 거야. 지문에서 만나게 될 어휘, *Round 1*에서 *preview* 하자. 단어들을 큰

Word	한글 뜻	유의어
1. debris n.	잔해, 부스러기	waste, fragments
2. accumulate v.	모으다, 축적하다	collect
3. locate v.	위치를 두다/찾다	place, find
4. ocean current n.	해류	sea current
5. combination n.	조합, 결합	mixture
6. marine a.	바다의, 해양의	oceanic, maritime
7. mistake A for B v.	A를 B로 착각하다	confuse A with B
8. organization n.	조직, 단체	association

소리로 읽어 보고 한글 뜻과 유의어까지 5분 동안 확실하게 외워야 해.

이제 단어 목록을 가리고 학교 시험에서 단골로 출제되는 영영풀이 문제를 풀 차례야.

1. 단어와 그 영영풀이가 <u>잘못된</u> 것은?

ⓐ debris: the pieces that are left after something has been destroyed

ⓑ mistake A for B : to increase gradually in amount as time passes

ⓒ locate: to find the place or position of something or someone

ⓓ ocean current: movement of water that flows in the Earth's oceans.

ⓔ combination: a result of mixing two or more things

정답은 ⓑ야. ⓑ 영영풀이의 해석은 '시간이 가면서 서서히 양이 증가하다'야. 따라서 해당되는 단어는 *mistake A for B*가 아니라 '축적하다'란 의미의 *accumulate*이지. 영영풀이 문제 하나 더 풀어 볼까?

2. 다음 영영풀이에 해당되는 것은?

a company, business, or club that is formed for a particular purpose

ⓐ marine   ⓑ debris   ⓒ organization   ⓓ combination

ⓔ accumulation

정답은 ⓒ야. 주어진 영영풀이는 '특정 목적을 위해 만들어진 회사, 사업, 클럽'이야. 어울리는 단어는 단체나 조직을 의미하는 *organization*

이지. 나머지 단어들의 의미를 보면, ⓐ는 '해양의', ⓑ는 '파편', ⓓ는 '결합'이고, 마지막 ⓔ는 *accumulate*의 명사형인 '축적'이야. 이번에는 문장의 빈칸을 채우는 문제를 풀 차례야.

3. Fill in the blanks so that the sentences have the same meaning.

ⓐ The garbage patch is pushed by natural _____.

(쓰레기 지대가 자연 해류에 의해 떠밀려 다닌다.)

ⓑ The Great Garbage Patch is _____ between Hawaii and California. (거대 쓰레기 지대는 하와이와 캘리포니아 사이에 위치해 있다.)

ⓒ Marine animals _____ the plastic for food.

(해양 동물들은 플라스틱을 먹이로 착각한다.)

답은 ⓐ *ocean currents* ⓑ *located* ⓒ *mistake* 야. 이제 *Round 2* 확장 어휘로 넘어가자.

Word Play Round 2

영어 단어를 큰 소리로 읽고 5분 동안 한글 뜻과 유의어를 외워 보자.

Word	한글 뜻	유의어
1. individual a. n.	개별의, 개인	separate, person
2. awareness n.	인식, 의식	consciousness
3. raise v.	올리다, 높이다	lift, elevate
4. disposal n.	처리, 처분	dumping, discarding
5. preserve v.	보존하다, 지키다	conserve, protect
6. eliminate v.	제거하다, 없애다	get rid of, remove
7. manufacture v.	제조하다	produce, fabricate
8. confront v.	맞서다, 직면하다	face, challenge

어휘 상자를 가린 다음 아래 문제들을 풀어 봐.

4. 자연스러운 문장을 만들 때 빈칸 어디에도 들어갈 수 없는 단어는?

ⓐ raises ⓑ disposal ⓒ preserve ⓓ individual ⓔ awareness

① Plastic pollution in the Pacific ____ marine environmental alarm.

② Public _____ campaigns raise hope for solving garbage problems.

③ _____ actions to reduce plastic use will make the Pacific cleaner.

④ They tried to ____ plastic debris from the Pacific garbage patch.

⑤ Improved waste _____ systems raise hope for reducing plastic.

정답은 ⓒ야. '보존하다'란 의미인 *preserve*는 적당한 빈칸을 찾을 수 없어. ④번에는 *eliminate*를 넣어 "그들은 태평양 쓰레기 더미에서 플라스틱 쓰레기를 제거하려고 노력했다."라는 문장을 만들었어. 나머지 문장들의 해석을 보면, ①번에는 ⓐ *raises*를 넣으면 "태평양의 오염은 해양 환경에 대한 경각심을 높여 준다."이고 ②번은 ⓔ *awareness*를 넣어 "대중 인식 캠페인은 쓰레기 문제 해결에 대한 희망을 높인다."가 돼. ③번에는 ⓓ *individual*이 들어가서 "플라스틱 사용을 줄이기 위한 각자의 개별 행동이 태평양을 더 깨끗하게 만들 것이다."란 문장이 돼. 마지막 ⑤번에는 ⓑ *disposal*이 들어가 "개선된 쓰레기 처리 시스템은 플라스틱 감소에 대한 희망을 높인다."가 되지. 이제 유의어 문제를 풀 차례야.

5. 다음 밑줄 친 부분과 바꿔 쓸 수 있는 단어로 잘못 제시된 것은?

ⓐ Scientists propose methods to <u>eliminate</u> plastic garbage.

(=get rid of)

ⓑ They banned companies from manufacturing plastic bottles.

(=producing)

ⓒ Scientists confront a growing plastic crisis in the Pacific.

(=control)

ⓓ Cleaning the ocean is vital to preserving marine ecosystems.

(=conserving)

ⓔ Movies also raise public awareness of the environment.

(=consciousness)

정답은 ⓒ. '맞서다'인 *confront*의 유의어는 *control*이 아닌 *face*이니까 ⓒ를 해석하면 "과학자들은 태평양에서 커지고 있는 플라스틱 위기에 맞선다."야. 나머지를 해석해 보면 "ⓐ 과학자들은 플라스틱 쓰레기를 제거하는 방법을 제안한다.", "ⓑ 그들은 기업들이 플라스틱 병을 제조하는 것을 금지했다.", "ⓓ 대양을 청소하는 것은 해양 생태계 보존에 필수적이다.", "ⓔ 영화 역시 환경에 대한 대중의 인식을 높여준다."야.

1. 다음 영영풀이에 해당하는 단어를 써 보자.

① the act of getting rid of something : _____

② existing or considered separately from the group : _____

③ to lift or move something to a higher position : _____

👍 정답

① disposal ② individual ③ raise

세계를 사로잡은
K-culture 어떻게 말할까?

K-culture

한국 문화가 세계 여러 곳에서 큰 인기를 누리고 있어.
왜 외국인들이 우리 음악, 드라마, 음식에 이토록 열광할까?
K-culture 열풍과 관련된 영어 어휘를 공부해 보자.

학습 키워드 #중학교어휘 #고등학교어휘 #22년교육과정어휘
교과 연계 중학교 〉어휘

Word Play Round 1

4부의 마지막 지문은 세계에서 큰 인기를 끄는 한국 문화에 관한 독해 지문이야. 한국인으로서 자부심을 느끼게 해 주는 자랑스러운 *K*팝, *K*드라마, *K*패션에 대한 흥미로운 사실들을 알 수 있을 거야. 관련 어휘를

Word	한글 뜻	유의어
1. catchy a.	기억하기 쉬운	memorable
2. in person adv.	직접, 몸소	personally
3. massive a.	거대한, 엄청난	huge, enormous
4. practice n.	관행, 관례	custom, tradition
5. blend A with B v.	A와 B를 섞다	mix, combine
6. captivate v.	마음을 사로잡다	charm
7. border n.	국경, 경계	boundary
8. embrace v.	껴안다, 수용하다	hug, accept

*Round 1*에서 *preview* 하자. 단어들을 크게 읽어 보고 한글 뜻과 유의어까지 5분 동안 확실하게 외워야 해. 이제 단어 목록을 보지 않고 시험에 단골로 나오는 영영풀이 문제를 풀어 보자.

---

1. 단어와 그 영영풀이가 잘못된 것은?

ⓐ catchy: appealing and easy to remember

ⓑ massive: very large and heavy

ⓒ blend A with B: to create a mixture by combining A and B

ⓓ in person: used to say that a person is actually present at a place

ⓔ practice: a line separating one country from another

정답은 ⓔ야. ⓔ 영영풀이의 해석은 '한 국가를 다른 국가와 구분하는 선'이야. 이 해석에 어울리는 단어는 *practice*가 아니라 '국경'을 의미하는 *border*야. 영영풀이 문제 하나 더 풀어 볼까?

---

2. 다음 영영풀이에 해당되는 것은?

to hold someone in your arms as a way of expressing love or friendship

ⓐ embrace　　ⓑ explore　　ⓒ blend A with B　　ⓓ spark

ⓔ captivate

정답은 ⓐ야. *embrace*의 한글 뜻은 '껴안다'이기 때문에 주어진 영영풀이에 어울리거든. 나머지 단어들의 의미를 보면, ⓑ는 '탐험하다', ⓒ는 'A와 B를 섞다.', ⓓ는 '촉발하다'이고, 마지막 ⓔ는 '마음을 사로잡다.'야. 이번에는 문장의 빈칸을 채우는 문제를 풀어 볼 차례야.

답은 ⓐ *massive* ⓑ *practices* ⓒ *borders* 야. 이제 이 책의 마지막 *Round 2*를 만날 차례야.

Word Play Round 2

영어 단어를 크게 읽고 5분 동안 한글 뜻과 유의어를 외워야 해.

Word	한글 뜻	유의어
1. boost v.	키우다, 높이다	increase, raise
2. spark v.	촉발하다	cause, trigger
3. surge n.	급증, 급등	sudden increase
4. authentic a.	진짜인, 진품인	genuine, real
5. component n.	요소, 부분	element, part
6. heritage n.	유산, 전통	legacy, tradition
7. explore v.	탐험하다, 조사하다	nvestigate, examine
8. capture v.	붙잡다, 포획하다	catch, trap

어휘 상자를 보지 않고 다음 문제들을 풀어 봐.

정답은 ⓑ야. '요소, 부분'이란 의미의 *component*는 선택지 어디에도 적당히 들어갈 자리가 없거든. ⑤번에는 '포획하다, 잡다'란 뜻의 *capture*를 넣어 "*K*팝의 귀에 쏙쏙 들어오는 곡들이 전 세계 팬들의 마음을 사로잡는다."라는 문장을 만들 수 있어. 나머지 문장들을 보면 ①번에는 ⓒ*sparked*를 넣어 "트렌디한 *K*드라마는 촬영지로의 여행 붐을 일으켰다."가 되지. ②번은 ⓔ*surge*를 넣어 "한국 드라마의 인기는 한국 음악 앱 다운로드의 급증으로 이어졌다."가 돼. ③번에는 ⓓ*boosted*를 넣어 "방탄소년단의 컴백 무대가 *K*팝에 대한 세계적인 관심을 키웠다."란 문장이 돼. 마지막 ④번은 ⓐ*authentic*이 들어가 "관광객들은 한국의 진짜 길거리 음식을 맛보기 위해 서울로 몰려들었다."가 되지. 이제 유의어 문제를 풀어 볼 차례야.

  정답은 ⓑ야. '포획하다, 잡다'인 *capture*의 유의 표현은 *catch*이니까. ⓑ를 해석하면, "한국 음식은 전 세계 사람들의 관심을 사로잡는다."야. 나머지 선택지들도 해석해 볼까? ⓐ는 "역사 드라마는 한 나라의 문화 유산을 보존한다." ⓒ는 "*K-Beauty* 트렌드는 시청자들이 한국 화장품을 탐험하도록 초대한다." ⓓ는 "한국 버라이어티 쇼는 웃음과 문화 교류를 유발한다." 마지막으로 ⓔ는 "*K*드라마는 *K*문화의 인기에 필수적인 요소이다."야.

실력 쑥쑥 119

1. 다음 영영풀이에 해당하는 단어를 써 보자.

  ① to increase the force, power, or amount of something : _____

  ② real or genuine; not copied or false : _____

  ③ a sudden, large increase : _____

정답

① boost ② authentic ③ surge

사업가 마윈, 영어를 무기로 세계로 나아간 CEO

중국의 대표적인 전자상거래 회사인 알리바바에 대해 알고 있니? 알리바바는 많은 중국인이 매일 사용하는 전자 결제 시스템 알리페이의 모회사이기도 해. 알리바바를 창업한 마윈이 어떤 사람인지 한번 알아보자.

Who is Jack Ma?

잭마는 중국의 유명한 온라인 쇼핑몰 알리바바를 만든 마윈의 영어 이름이야. 마윈은 중국 IT 업계의 큰손 중 한 명으로, '포브스'라는 유명한 잡지 표지에 실린 첫 중국 사업가이기도 해. 알리바바는 뉴욕과 홍콩에 상장된 국제적인 회사로, 한국에서는 알리익스프레스라는 쇼핑몰로 잘 알려져 있어.

마윈은 고등학교 때부터 영어를 독학으로 공부했대. '크레이지 잉글리시'로 유명한 리양의 "두려움을 떨쳐 버리라"는 말을 마음에 새기고 외국인에게 영어로 말을 걸었다고 해. 그러다 여행 가이드로 만난 몰리 가족의 초청으로 한 달 동안 호주에 머물렀는데, 이 경험이 지금의 마윈을 만들었어. 성공 후에는 감사의 마음으로 장학금을 기부해 마-몰리 재단을 설립하기도 했어.

고등학교 졸업 후, 마윈은 낮은 수학 점수 때문에 세 번의 도전 끝에 항저우 사범대학교 영어교육학과에 진학했어. 영어 실력이 뛰어나 재학 내내 상위권을 유지했지만, 하버드 대학교에 10번이나 지원하고도 실패하고 말았어. 하지만 포기하지 않고 계속 도전했지. 대학 졸업 후에는 영어 강사로 일하면서 무역 업계 사람들과 인연을 맺었어. 알리바바 창립 멤버 중 몇 명은 그때 마윈의 학생이었다고 해.

마윈은 미국을 방문했을 때 인터넷의 잠재력을 보고 중국에서 인터넷 회사를 세웠어. 영어는 그에게 새로운 세계로 가는 열쇠였지. 그래서 그는 외국어 학습의 중요성을 강조하며, 사업가가 되기 위해서는 외국어 공부가 꼭 필요하다고 말했어.

Why learn English in the AI era?

마윈은 영어를 잘해서 영어 공부에 대한 질문을 많이 받는다고 해. "어떻게 하면 쉽고 빠르게 영어를 배울 수 있나요?"라는 질문에 그는 이렇게 답한 적이 있어. "나는 빠르게 배우는 방법을 몰라요. 천천히 즐기면서 배우는 것이 가장 좋은 방법인 것 같아요." 이 말에서 마윈이 영어를 어떻게 배웠는지 알 수 있어. 마윈에게 영어는 지겨운 공부가 아니라 즐거운 만남의 대상이었던 거지.

〈더 알고 싶어 119〉에 있는 동영상에서 마윈은 통역 AI의 시대에 왜 외국어를 공부해야 하는지를 설명했어. 그는 외국어 능력은 단순한 기술이 아니라 문화를 배우는 것이라며 외국어 학습의 필요성을 강조했지. 외국어는 새로운 세상으로 들어가는 문이기 때문에, 특히 사업가가 되기 위해서는 꼭 필요하다고 했어. 영어를 공부하면서 마윈은 서양 문화를 이해하고 존중하게 되었고, 다양한 사람들을 만나면서 오늘날 성공한 사업가가 될 수 있었다고 해.

마윈은 컴퓨터로 이메일 전송과 홈페이지 열기밖에 할 줄 몰랐지만, 영어 실력 덕분에 중국인 최초로 포브스 표지 모델이 될 정도로 성공할 수 있었지. 상하이에서 일론 머스크와 대담할 때는 AI가 인공지능(Artificial Intelligence)이 아닌 알리바바 지능(Alibaba Intelligence)의 약자로 사용되었으면 좋겠다고 농담할 정도로 재치 있는 사업가야.

더 알고 싶어 119
▷ 어떻게 영어를 쉽고 빠르게 배울 수 있냐는 질문에 답한 마윈 동영상
▷ 왜 AI 시대에도 외국어를 배워야 하는지에 관한 마윈의 강연 동영상

독해도 연습하면 늘어요

영어로 읽는 세상 이야기

어떤 친구가 좋은 친구일까?

인물 묘사에 필요한 단어와 표현을 독해 지문에서 익히기

어떤 친구가 좋은 친구일까? 좋은 친구가 되기 위해
필요한 조건을 다음 글을 통해 알아보자.

학습 키워드　#중학교어휘 #고등학교어휘 #22년교육과정어휘
교과 연계　중학교 > 읽기

　친구는 우리에게 꼭 필요한 존재야. 좋은 친구의 특징을 소개한 다음 글을 속도감 있게 읽는 직독직해 방식으로 파악해 볼까? 직독직해 방식으로 읽으면 더 빠르고 정확하게 글의 내용을 파악할 수 있어. 먼저 소리 내어 읽은 다음, 다시 처음으로 돌아와 한글 해석과 영어 지문을 직독직해하면서 공부해 보자!

문단1　Daniel is a teenager and spends most of his time with
　　　　Daniel은 십 대이고　　　　　　보냅니다.　　대부분의 그의 시간을
his fiends. He can't imagine his life without them. Yet he
그의 친구들과　　　　그는 상상할 수 없어요.　　그들 없는 그의 인생을　　그러나 그는
knows that there are different degrees of friendship. With
알아요　　　　있다는 것을　　　　다른 정도의 우정이　　　어떤 친구들과는
some he just plays games with and talks about their favorite
　　　단지 함께 게임을 하고　　　　　이야기만 해요　　　그들이 좋아하는
celebrities. With others, however, Daniel shares his worries
유명인에 대해　　다른 친구들과는　　그러나　　　Daniel은 공유해요　　그의 걱정과
and even personal secrets. Like Daniel, we all have different
　　　개인적인 비밀도　　Daniel처럼　우리 모두 가지고 있어요　　다른

kinds of friends. What we often miss is true friendship with
종류의 친구들   우리가 종종 아쉬워하는 것은   진정한 우정이죠
good friends. Then what are the qualities of a good friend?
좋은 친구들과의   그렇다면 무엇일까요?   좋은 친구들의 특징들은

직독직해를 하면 한국말이 다소 어색하게 느껴질 수 있어. 하지만 정확한 의미로 빠르게 읽을 수 있어서 장점이 훨씬 크지. 영어 시험에 나오는 문제 유형을 만나 볼까?

1. 윗글에서 답을 찾을 수 <u>없는</u> 질문은?

ⓐ How does Daniel spend his time?

ⓑ Who are Daniel's favorite celebrities?

ⓒ How old is Daniel?

ⓓ Does he understand that there are different types of friends?

ⓔ What kind of friendship do we want?

정답은 ⓑ야. 일부 친구들과 유명인들에 대해 얘기한다고는 했지만 어떤 유명인을 좋아하는지에 대해 얘기하지는 않았기 때문이야. 이런 유형의 문제는 반드시 주어진 지문 내용에 한정해서 풀어야 해. 그럼 계속 직독직해 이어 갈게.

문단2   To start with, a good friend is honest and caring. He
우선   좋은 친구는   정직하고 배려심이 있어요   그는
tells you what he really thinks about something. This way you
당신에게 말해요   어떻게 그가 진짜로 생각하는지   무언가에 대해   이런 식으로   당신은
can learn what he is like based on his real image and opinions.
알 수 있어요   그가 어떤지를   ~바탕으로   그의 진짜 이미지와   의견을
Some people don't give you the right advice because they
어떤 이들은   당신에게 주지 않아요   올바른 조언을   왜냐하면 그들은
don't want to be considered rude. Good friends, however,
원치 않거든요   무례하다고 여겨지는 것을   좋은 친구들은   그러나
tell you their honest opinions because they care about you.
당신에게 말해요   그들의 솔직한 의견을   왜냐하면 그들은   당신을 아끼니까요

조금 익숙해지는 느낌이 들지 않니? 생각보다 직독직해 방식에 쉽게 적용할 수 있을 거야. 이제 '문단 2'에 해당하는 문제를 풀어 보자.

2. 윗글의 내용과 일치하지 <u>않는</u> 것은?

    ⓐ 당신은 친구의 진짜 모습과 의견을 알 수 있다.
    ⓑ 어떤 이들은 자신의 이미지를 더 중요하게 생각한다.
    ⓒ 좋은 친구는 무례하게 보이지 않으려고 한다.
    ⓓ 좋은 친구는 올바른 조언을 준다.
    ⓔ 좋은 친구는 당신을 아낀다.

정답은 ⓒ야. 어떤 이들은 무례하게 보일까 봐 제대로 된 조언을 해 주지 않는다는 부분에서 답을 찾을 수 있었어. 진정한 친구는 그런 걱정에도 불구하고 우리에게 진심을 말해 준다는 내용이 있어서 정답을 고를 수 있었지.

문단3 In Daniel's case, he shares most of his secrets and
Daniel의 경우   그는 공유해요   대부분의 그의 비밀과
worries with Richard and Kevin. They always tell him what
걱정을   Richard와 Kevin과   그들은 언제나 그에게 말해요
they really think about a situation. Daniel knows that he can
그들이 정말 어떻게 생각하는지를   어떤 상황에 대해   Daniel은 알아요   그가
count on ⓐ them at any time. He is happy to have such hon-
그들에게 의지할 수 있다는 것을   언제나   그는 행복해요   가지고 있어서 그렇게 정직하고
est, caring, and supportive friends around.
배려심 있고 후원해 주는   친구들을 주변에

점점 속도와 정확도가 올라가는 느낌적인 느낌이 들지 않니? 계속 이어지는 지칭 문제도 풀어 보자!

3. 지문의 (a) them이 지칭하는 대상을 윗글에서 찾아 써 보자.

_____

답은 *Richard*와 *Kevin*이야. 이 경우처럼 인칭대명사가 지칭하는 명사가 떨어져 있어도 직독직해로 지문을 따라가다 보면 정답을 쉽게 찾을 수 있어. 이제 전체 지문을 소리 내어 빠르게 읽어 볼까? 뜻이 생각나지 않는 단어는 표시해 두었다가 다 읽고 난 후에 확인해 보고 말이야. *Are you ready? Let's go*!

Daniel is a teenager and spends most of his time with his friends. He can't imagine his life without them. Yet, he knows that there are different degrees of friendship. With some, he just plays games with and talks about their favorite celebrities. With others, however, Daniel shares his worries and even personal secrets. Like Daniel, we all have different kinds of friends. What we often miss is true friendship with good friends. Then what are the qualities of a good friend?

To start with, a good friend is honest and caring. He tells you what he really thinks about something. This way you can learn what he is like based on his real image and opinions. Some people don't give you the right advice because they don't want to be considered rude. Good friends, however, tell you their honest opinions because they care about you.

In Daniel's case, he shares most of his secrets and worries with Richard and Kevin. They always tell him what they really think about a situation. Daniel knows that he can count on them at any time. He is happy to have such honest, caring, and supportive friends around.

뜻이 생각나지 않아 표시한 단어는 앞에 있는 한글 해석에서 그 뜻을 확인하면 돼.

4. 윗글의 제목으로 가장 어울리는 것은?

   ⓐ How can We Build Everlasting Friendship?
   ⓑ What Makes a Person a Good Friend?
   ⓒ Why does Daniel Have so Many Friends?
   ⓓ How does Daniel Spend Most of his Time?
   ⓔ Who are Daniel's Best Friends?

정답은 ⓑ야. 윗글은 좋은 친구의 특징들을 주제로 하고 있으니까. 제목이나 주제를 찾는 문제는 지문의 일부분이 아니라 전체 내용을 담고 있는 선택지를 골라야 해.

실력 쑥쑥 119

1. 윗글의 내용과 일치하면 T, 다르면 F를 써 보자.

   ① Daniel enjoys hanging out with his friends. (   )
   ② A good friend is always worried about his good image. (   )
   ③ Daniel has a couple of true friends. (   )

정답
① T ② F ③ T

Chapter4 • 30일차

스트레스에도
종류가 있다고?

스트레스가 우리 몸에 미치는 영향과 스트레스의 유형 이해하기

스트레스는 우리의 몸과 마음에 어떤 영향을 줄까?
스트레스라고 모두 다 나쁜 것은 아니야. 유익한 스트레스도 있다던데?

학습 키워드 #중학교어휘 #고등학교어휘 #22년교육과정어휘
교과 연계 중학교 > 읽기

　현대인은 언제나 스트레스를 받으며 살아가지. 그런데 스트레스에도 여러 종류가 있대. 심지어 어떤 스트레스는 우리 건강에 유익하다고 해. 다음 글을 직독직해하면서 스트레스에 대해 더 알아볼까? 먼저 처음부터 끝까지 큰 소리로 읽은 뒤에, 다시 처음으로 돌아와 직독직해를 확인해 보자.

문단1 We often talk about stress but we don't know that
우리는 종종 이야기해요　　스트레스에 대해　　그러나 우리는 알지 못해요
there are different kinds of stress. The type of stress that
있다는 것을　　　다른 종류의　　스트레스가　　스트레스의 종류는
we usually think of is the extreme long-term stress. This
우리가 보통 생각하는　　　　　극단적이고　　장기적인 스트레스죠　　이것은
is known as bad stress. However, there is another kind of
알려져 있어요　　나쁜 스트레스로　　　그러나 있답니다　　　다른 종류의
stress, called good stress, which actually helps our health.
스트레스가　좋은 스트레스라고 불리는　　　이것은 사실은　　도움을 줘요 우리의 건강에

1. 윗글을 읽고 알 수 있는 내용이 아닌 것은?

ⓐ 모든 스트레스는 우리 몸에 큰 피해를 준다.

ⓑ 나쁜 스트레스는 장기적이고 극단적이다.

ⓒ 좋은 스트레스는 우리 건강에 도움이 된다.

ⓓ 여러 가지 종류의 스트레스가 있다.

ⓔ 스트레스는 우리 대화의 주제로 많이 등장한다.

정답은 ⓐ야. 스트레스가 우리 몸에 피해를 준다는 상식 때문에 윗글과 일치한다고 잘못 생각할 수 있어. 하지만 시험은 주어진 지문 내용을 보고 풀어야 해. 계속 직독직해 이어 가 볼까?

문단2 Good stress helps us do our daily tasks and achieve
좋은 스트레스는　도와줘요 우리가 하게　우리 매일의 일들을　그리고 달성하게
difficult goals. Thanks to this stress, we can learn new things,
어려운 목표들을　이런 스트레스 덕분에　우리는 배울 수 있어요　새로운 것들을
adapt to changes and do creative thinking. We experience
변화에 적응할 수 있고　창의적인 생각을 해요　우리는 경험해요
good stress, for example, when we have a job interview or
좋은 스트레스를　예를 들어　우리가 가질 때　취업 면접이나
a test. This short-term stress motivates us to stay focused
시험을　이런 단기적인 스트레스는　동기부여해요 우리에게　집중되어 머물도록
on the task we have to finish. Without this type of stress, we
과제에　우리가 끝내야 하는　이런 종류의 스트레스 없이는　우리는
can't survive difficult situations.
견뎌 낼 수 없어요　어려운 상황들을

2. Choose the question that cannot be answered with the given text.

ⓐ What are the positive effects of good stress?

ⓑ What helps you overcome tough situations?

ⓒ What are the short-term side effects of good stress?

ⓓ When do we experience good stress?

ⓔ Why is good stress important in our lives?

정답은 ⓒ야. 선택지에 지문에 나오는 'short-term' 같은 단어가 보

인다고 덥석 고르면 안 돼. 함정일 수 있거든. 지문에 좋은 스트레스가 주는 단기 부작용에 관한 내용은 없어. 이제 마지막 문단도 직독직해 볼까?

문단3 Bad stress, on the other, hand doesn't help us to
나쁜 스트레스는　　　　반면에　　　　　　돕지 않아요 우리가
achieve goals or tasks. Instead, it weakens our concentration
목표나 과제를 달성하게　　　대신에　그것은 약화시켜요　　우리의 집중력과
and will power. This type of stress occurs when too much
의지력을　　　　이런 종류의 스트레스는　발생해요　　　너무 많은
stress builds up around us for a long time. Then our body
스트레스가 쌓일 때　　우리 주변에　　긴 시간 동안　　그러면 우리 몸은
begins to break down and to show signs of health problems.
망가지기 시작하고　　　　신호를 보여요　　　　건강 문제의
Symptoms include headaches, stomachaches, or loss of
증상들을 포함하죠　　　두통　　　　　복통
sleep and appetite. It is important ㉠ to reduce the amount of
또는 수면과 식욕의 상실을　　　중요해요　　　　양을 줄이는 것이
bad stress we experience to live a happy healthy life.
우리가 경험하는 나쁜 스트레스의　　살기 위해서는　행복하고 건강한 삶을

3. 윗글의 ㉠ to reduce와 용법이 같은 것은?

ⓐ Doctors are working on ways to reduce bad stress.
ⓑ To reduce bad stress, people need to keep healthy life style.
ⓒ They find it difficult to reduce the cost of their experiments.
ⓓ Scientists are happy to reduce errors in their studies.
ⓔ Doctors do their best to reduce their waiting lists.

정답은 ⓒ야. 밑줄 친 *to reduce*는 진주어로 명사 역할을 하지. 주, 목, 보 역할을 하는 *to* 부정사는 명사적 용법이잖아. (자세한 설명은 1부의 *to* 부정사 부분을 참고하면 돼.) 이 지문에서처럼 *to* 부정사가 진주어나 진목적어 자리에 오면 문제가 어려워져. 이럴 때는 가주어나 가목적어 *it* 대신 *to* 부정사구를 넣고 해석해 봐. 훨씬 구분하기 수월할 거야. ㉠ *to reduce* 의 위치를 바꾸면 "*To reduce the amount of bad stress we experience is important to live a happy, healthy life.*"라서 *to* 부정사가 주어 역할을

하는 명사적 용법이라는 걸 간단하게 알 수 있어. ⓒ의 *to reduce* 역시 진 목적어 기능을 하는 명사적 용법이지. ⓐ의 *to reduce*는 명사 *ways*를 수식하는 형용사적 용법이고, ⓑ와 ⓔ는 부사적 용법 중 목적이야. ⓓ는 감정 형용사 *happy*를 수식하기 때문에 부사적 용법 중 감정의 원인인 걸 알 수 있어. 이제 전체 지문을 큰 소리로 빠르게 읽을 차례야. 뜻이 생각나지 않는 단어는 표시해 두었다가 다 읽고 난 후에 확인하기로 했지?

We often talk about stress, but we don't know that there are different kinds of stress. The type of stress that we usually think of is the extreme, long-term stress. This is known as bad stress. However, there is another kind of stress, called good stress, which actually helps our health.

Good stress helps us do our daily tasks and achieve difficult goals. Thanks to this stress, we can learn new things, adapt to changes, and do creative thinking. We experience good stress, for example, when we have a job interview or a test. This short-term stress motivates us to stay focused on the task we have to finish. Without this type of stress, we can't survive difficult situations. Bad stress, on the other hand, doesn't help us to achieve goals or tasks. Instead, it weakens our concentration and will power. This type of stress occurs when too much stress builds up around us for a long time. Then our body begins to break down and to show signs of health problems. Symptoms include headaches, stomachaches, or loss of sleep and appetite. It is important to reduce the amount of bad stress we experience to live a happy, healthy life.

4. 윗글을 쓴 목적으로 가장 적절한 것은?

ⓐ To explain the effects of bad stress

ⓑ To teach which kind of stress to avoid

ⓒ To present the effects of good stress

ⓓ To inform why people talk about stress

ⓔ To motivate us to stay focused on the task we have to do

정답은 ⓑ야. 글의 제목이나 목적 문제는 언제나 전체 내용을 담을 수 있는 선택지를 골라야 해. ⓐ, ⓒ, ⓓ처럼 일부분에만 해당하는 선택지는 피해야 해. 물론 ⓔ처럼 지문의 단어나 표현을 그대로 쓰면서 우리를 유인하는 함정 같은 선택지도 피해야겠지?.

실력 쑥쑥 119

1. 앞글의 내용과 일치하면 T, 다르면 F를 써 보자.

① We usually think of extreme, short-term stress. ( )

② Good stress builds up around us for a long time. ( )

③ Bad stress damages our body and mind. ( )

정답

① F ② F ③ T

색이 감정을 바꾸고
행동까지 바꾼다고?

색의 정서적 영향과 문화적 해석의 차이

사람마다 좋아하는 색이 다르듯이 문화마다 색에 대한 해석이 달라.
너희는 어떤 색이 좋아?
이번에는 아름다운 색이 우리 마음에 주는 영향에 대해 알아보자.

학습 키워드 #중학교어휘 #고등학교어휘 #22년교육과정어휘
교과 연계 중학교 > 읽기

우리 주변에는 정말 다양한 색들이 있어. 선호하는 색을 통해 개인의 성격과 한 문화의 특성까지 파악할 수 있다고 해. 너희가 좋아하는 색이 주는 영향을 다음 지문을 통해 알아볼까? 큰 소리로 읽으면서 앞에서부터 직독직해 방식으로 해석해 보자.

문단1 Do you feel anxious in a yellow room? Does the color
　　　　　초조하게 느끼나요　　　　노란색 방에서
blue make you feel calm and relaxed? Of course, your feel-
파란색이 느끼게 만드나요　　　차분하고 편안하게　　물론
ings about color are very personal and affected by your
　색에 대한 당신의 느낌은　　매우 개인적이고　　영향 받아요
experience and culture. For example, in many Western coun-
　당신의 경험과 문화에 의해　　예를 들어　　많은 서양 국가에서
tries, the color white represents purity and innocence. But in
　　흰색은 나타내요　　　순수함과 결백을
Eastern countries, it is seen as a symbol of death and is used
　그러나 동양 국가에서　흰색은 여겨져요　죽음의 상징으로　그래서 사용돼요
in funerals.
장례식에

1. 윗글의 내용과 맞지 <u>않는</u> 것은? (2개)

ⓐ 색에 대한 인간의 느낌은 보편적이다.

ⓑ 아시아 국가에서 검정색은 죽음과 관련 있다.

ⓒ 유럽에서 흰색은 순수함을 상징한다.

ⓓ 개인의 경험은 색에 대한 느낌에 영향을 준다.

ⓔ 어떤 색은 특정 문화에서는 특정한 상징성을 갖는다.

정답은 ⓐ와 ⓑ야. 지문에서 색에 대한 느낌은 '*personal*'하며 경험과 문화의 영향을 받는다고 했기 때문에 ⓐ는 그 내용이 맞지 않아. 그리고 아시아권에서 죽음의 상징은 검정색이 아닌 흰색이어서 ⓑ도 윗글의 내용과 달라.

영어 지문의 세부 사항을 묻는 문제는 시험에 자주 나와. 특히 이 문제처럼 '아닌 것', '틀린 것', '일치하지 않는 것'을 묻는 경우가 많지.

문단2 Yet, there are some color effects that have universal meanings. Colors close to red are known as warm colors. They cause such feelings as warmth, comfort, and even anger. Colors on the blue side, on the other hand, are related to calm, sad, and even depressive emotions.

그러나 있어요 몇몇 색깔 영향들이 보편적 의미를 갖는
빨간색에 가까운 색들은 알려져 있어요 따뜻한 색으로
그것들은 일으켜요 그런 감정들을 따뜻함 편안함 그리고
분노까지 파란색 쪽에 있는 색들은 반면에 관련되어 있어요
차분한 슬픈 그리고 심지어 우울한 감정과

2. 윗글의 내용과 맞는 것은?

ⓐ Certain colors cause similar feelings across cultures.

ⓑ Colors close to red cause calm emotions.

ⓒ Colors on the blue side are related to comfort.

ⓓ Blue can cause even angry feelings.

ⓔ Red can cause depressive emotions.

정답은 ⓐ야. ⓐ를 해석하면, "특정 색들은 문화를 넘어 비슷한 느낌을 불러일으킨다."이지. 표현은 다르지만 위 지문의 첫 문장과 내용이 같아. 즉 *paraphrasing*이 된 선택지인 거지. 반면에 나머지 선택지들은 지문 속 단어와 표현을 그대로 가지고 있지만 그 내용이 다르기 때문에 오답이야. 겉만 보고 속지 말고 꼼꼼히 해석해야 문제를 해결할 수 있어. ⓑ는 빨간색이 아니라 파란색 계열의 색에 해당하는 특징이지. ⓒ는 파란색이 아닌 빨간색 계열의 색에 해당하고 말이야. ⓓ와 ⓔ도 서로 색이 반대로 바뀐 오답이지. 세부 사항을 묻는 문제는 언제나 단어가 아니라 선택지 문장 전체의 뜻을 잘 해석해야 정답을 고를 수 있어.

문단3 One study found that warm-colored placebo pills
한 연구는 발견했어요　　　따뜻한 색깔의　　　위약이
were more effective than cool-colored ones. ① Colors seem
더 효과적이라는 걸　　　차가운 색깔의 위약보다　　　색은 가지고 있는 것 같아요
to have some effects on test results, too. ② Students ex-
몇몇 효과를　　　시험 결과에도　　　빨간색에 노출된 학생들은
posed to red before an exam got lower test scores. ③ Re-
시험 전에　　　받았어요 더 낮은 시험 점수를
searchers discovered that the color red causes players to
연구원들은 발견했어요　　　빨간색이　　　만든다는 것을 선수들이
react with greater speed and force. ④ If you know how to
반응하게　　　더 큰 속도와 힘으로　　　만약 당신이 안다면
use colors effectively, you may get better results from what
어떻게 색을 효과적으로 사용하는지를　　　당신은 아마 더 좋은 결과를 얻을 거예요
you do. ⑤ After all, it seems that colors matter!
당신이 하는 일에서　　　결국　　　색은 중요한 것 같아요

3. ①~⑤ 중에서 다음 〈보기〉 문장이 들어가기에 가장 적합한 곳은?

〈보기〉 However, the same color seems to have the opposite
그러나　　　똑같은 색이　　　반대 효과를 가지는 것 같아요
effect on athletes.
운동선수들에겐

정답은 ③이야. 보기 문장을 삽입하는 문제는 수능에서도 내신에서도 언제나 어렵게 느껴질 거야. 윗글의 경우 ②까지는 따뜻한 색상이

일반적으로 사람을 차분하게 만든다는 주장을 하고 있어. 그런데 〈보기〉 문장의 *However*는 이전과 대조적인 내용이 시작되는 걸 알리는 접속사야. 따라서 차분함과 반대되는 효과를 설명하기 시작하는 ③에 〈보기〉 문장이 들어가면 글의 흐름이 자연스러워지겠지. 이처럼 *however, furthermore, for example* 같은 접속사의 의미를 잘 생각하면 문장 삽입 문제를 조금 더 쉽게 풀 수 있을 거야. 이제 전체 지문을 읽을 차례야. 소리 내어 빠르게 읽으면서 뜻이 생각나지 않는 단어는 표시해 두었다가 다 읽고 난 후에 꼭 확인해 봐.

Do you feel anxious in a yellow room? Does the color blue make you feel calm and relaxed? Of course, your feelings about color are very personal and affected by your experience and culture. For example, in many Western countries, the color white represents purity and innocence. But in Eastern countries, it is seen as a symbol of death and is used in funerals.

Yet, there are some color effects that have universal meanings. Colors close to red are known as warm colors. They cause such feelings as warmth, comfort, and even anger. Colors on the blue side, on the other hand, are related to calm, sad, and even depressive emotions.

One study found that warm-colored placebo pills were more effective than cool-colored ones. Colors seem to have some effects on test results, too. Students exposed to red before an exam got lower test scores. However, the same color seems to have the opposite effect on athletes. Researchers discovered that the color red causes players to react with greater speed and force. If you know how to use colors effectively, you may get better results from what you do. After all, it seems that colors matter!

4. 윗글의 제목으로 어울리지 <u>않는</u> 것은?

ⓐ Different Effects of Different Colors
ⓑ Colors Affect Us in Diverse Ways
ⓒ Colors Cause Little Effect on Our Feelings
ⓓ Different Feelings Caused by Different Colors
ⓔ Cultural and Universal Emotions Related to Colors

정답은 ⓒ야. *little*은 부정의 의미라서 ⓒ를 해석하면, "색은 우리 감정에 거의 영향을 주지 않는다."이기 때문에 글 내용과 전혀 다른 제목이야. 글 전체에 관련된 문제 중 '아닌 것은'을 묻는 문제가 다소 까다롭지만 글을 정확하게 해석하고 나면 어렵지 않을 거야! .

실력 쑥쑥 119

1. 윗글의 내용과 일치하면 T, 다르면 F를 써 보자.

① White symbolizes innocence in Eastern countries. (   )
② Red can make you feel angry. (   )
③ Red can make players move quickly and aggressively. (   )

정답
① F ② T ③ T

우주 비행사가
되어 보면 어떨까?

우주 캠프의 우주비행사 체험

미국 학생들은 여름방학 동안 다양한 캠프에 참여한대.
그중 우주 비행사의 생활을 체험하는 우주 캠프에 대해 알아볼까?
그럼 캠프 활동을 설명하는 영어 지문을 읽어 보자.

학습 키워드 #중학교어휘 #고등학교어휘 #22년교육과정어휘
교과 연계 중학교 > 읽기

　　미국은 겨울방학이 매우 짧고 여름방학이 3개월 정도나 된대. 긴 여름방학 동안 가족 여행을 하거나 여름 캠프에 참여한다고 해. 다양한 캠프 활동 중에 우주 비행사의 생활을 경험할 수 있는 *Space Camp*에 대해 알아보자. 먼저 영어 지문을 소리 내어 읽은 다음, 다시 처음으로 돌아와 한글 해석과 영어 지문을 직독직해하는 순서로 공부하자.

문단1 Eric is excited about his summer vacation plan. He is
　　　　에릭은 신이 났어요　　　　　그의 여름방학 계획에 대해
going to spend a week at Space Camp in Huntsville Alabama.
그는 보낼 겁니다　　일주일을 스페이스 캠프에서　　　　앨라바마 주 헌츠빌에 있는
There he will learn all about space travel and experience
그곳에서 그는 배울 거예요　　　　우주여행에 관한 모든 것을　　　그리고 경험할 거예요
astronauts' lifestyle. Space Camp was founded in 1982 as an
우주 비행사의 생활을　　　　스페이스 캠프는　　설립되었어요　　1982년에
educational camp program for children. The purpose of the
교육 캠프 프로그램으로　　　　　아이들을 위한　　　　　이 시설의 목적은
facility is to excite children in the areas of math and science.
자극하는 겁니다 아이들을　　　　　수학과 과학 영역에서

직독직해 방식으로 읽다 보면 해석 속도가 점점 빨라질 거야. 모르는 단어가 눈에 띄면 항상 표시해 두는 습관을 기르는 게 좋아. 그래야 복습이 쉬워질 거니까. 이제 영어 시험에 나오는 문제 유형을 만나 볼까?

1. 윗글에서 답을 찾을 수 <u>없는</u> 질문은?

ⓐ What is Eric excited about?
ⓑ What is Eric's summer vacation plan?
ⓒ What will Eric learn at the Space Camp?
ⓓ Who founded Space Camp in 1982?
ⓔ Why was Space Camp founded?

정답은 ⓓ야. 나머지 질문의 답 먼저 살펴보면, ⓐ의 답은 "*Eric is excited about his summer vacation plan.*"이야. ⓑ는 "*He is going to spend a week at Space Camp.*"이고, ⓒ는 "*He will learn all about space travel.*"이 답이지. ⓔ는 마지막 문장에서 답을 찾을 수 있는 질문이야. 즉 *Space Camp*의 목적은 수학과 과학 분야에 대해 아이들이 자극을 받을 수 있게 하는 거니까. 하지만 누가 이 캠프를 설립했는지를 묻는 ⓓ에 대해서는 답을 찾을 수 없어.

문단2 Space Camp is offered to children like Eric who are
스페이스 캠프는   제공되어요 어린이들에게   에릭과 같은
between 9 and 11 years old. It typically runs for three to six
나이가 9에서 11세 사이인   캠프는 일반적으로 진행돼요   3에서 6일 동안
days. Eric plans to stay six days to fully experience space
에릭은 계획해요 머무는 것   6일을   충분히 경험하기 위해   우주 생활을
life. Children can choose from one of three tracks. These are
아이들은 고를 수 있어요   하나를 세 개 트랙 중에서   이들 트랙은
space, aviation, and robotics. Eric chose space because he
우주, 비행 그리고 로봇공학입니다   에릭은 우주를 골랐어요   그는 원하기 때문에
wants to become an astronaut when he grows up.
우주 비행사가 되는 것을   그가 자랐을 때

우주 캠프에 대해 조금 더 상세하게 설명하는 문단이야. 문단 2에 해당하는 세부 내용 문제를 풀어 보자.

2. 윗글의 내용과 일치하지 <u>않는</u> 것은?

　　ⓐ Space Camp는 어린이들을 대상으로 한다.
　　ⓑ 학생들은 짧게는 3일 동안 머물 수 있다.
　　ⓒ 에릭은 Space Camp에 일주일 동안 머물 계획이다.
　　ⓓ 학생들은 우주, 비행, 로봇공학 중 한 트랙을 선택할 수 있다.
　　ⓔ 에릭은 그의 꿈에 맞는 트랙을 골랐다.

정답은 ⓒ야. 지문에 나온 내용을 꼼꼼이 확인하면서 답을 골라야 실수를 줄일 수 있어. *Space Camp*에는 3일에서 6일까지만 체류할 수 있는데 에릭은 6일 머물 계획이라고 했어. 따라서 에릭이 일주일 동안 머물 계획이라는 ⓒ는 지문 내용과 일치하지 않지. ⓔ도 정답으로 보일 수 있어. 그러나 에릭이 커서 우주 비행사가 되고 싶어 우주를 골랐다는 마지막 문장을 *paraphrasing*한 것이기 때문에 내용과 일치하지. 영어 선택지는 물론 한글 선택지도 이렇게 *paraphrasing*되는 경우가 많아.

문단3 Participants have to get up as early as 6 a.m. every
　　　　 참가자들은　　　 일어나야 해요　　　이르면 오전 6시까지　　　매일
morning. Then they watch a movie about space and listen
　아침　　　　　 그런 다음 그들은 봐요　 영화를　　 우주에 관한　 그리고 들어요
to scientists talk about space travel. Kids even get on a real
과학자들이 말하는 것을　　　 우주 여행에 대해　　 아이들은 심지어 탑승해요
spacecraft. ⓐ That's the most thrilling part of the program.
진짜 우주선에　　　　 그것이 가장 신나는 부분이죠　　　　 이 프로그램의
Eric can't wait to wear an astronaut suit and pretend he is
에릭은 몹시 기다려요　　 입는 것을　 우주 비행사의 옷을　 그리고 ~인 척하는 것을
on a real space shuttle. He also looks forward to tasting real
진짜 우주선을 타고 있다고　　　　　 그는 또한 고대해요　　 맛보기를　 진짜
astronaut food and learning how to walk and move around in
우주 비행사의 음식을　 그리고 배우는 것을　 어떻게 걷고　　 움직이는지
space.
우주에서

스페이스 캠프에서 하는 모든 활동을 구체적으로 묘사하는 내용이 야. 이번에는 내용을 정확하게 이해했는지 묻는 서술형 문제를 풀어 보자.

3. 지문의 ⓐ That을 한글로 구체적으로 풀어서 써 보자.

_____

답은 '진짜 우주선을 타 보는 것'이야. 이런 유형의 서술형 문제는 지시대명사나 인칭대명사가 지칭하는 것을 자세히 풀어서 써야 하는 경 우가 많아. 한글로 풀어 써야 할 때는 내용을 정확하게 다 써야 감점되지 않아. 이제 잘 모르는 단어를 표시해 가면서 글 전체를 읽는 순서야. 언 제나 소리 내어 읽어야 해. 그래야 입과 귀로도 단어를 기억할 수 있거든.

Eric is excited about his summer vacation plan. He is going to spend a week at Space Camp in Huntsville, Alabama. There he will learn all about space travel and experience astronauts' lifestyle. Space Camp was founded in 1982 as an educational camp program for children. The purpose of the facility is to excite children in the areas of math and science.

Space Camp is offered to children like Eric, who are between 9 and 11 years old. It typically runs for three to six days. Eric plans to stay six days to fully experience space life. Children can choose from one of three tracks. These are space, aviation, and robotics. Eric chose space because he wants to become an astronaut when he grows up.

Participants have to get up as early as 6 a.m. every morning. Then they watch a movie about space and listen to scientists talk about space travel. Kids even get on a real spacecraft. That's the most thrilling part of the program. Eric can't wait to wear an astronaut suit and pretend he is on a real space shuttle. He also looks forward to tasting real astronaut food and learning how to walk and move around in space.

4. 윗글의 주제로 가장 어울리는 것은?

ⓐ The excitement of Eric's summer vacation plan
ⓑ What Eric wants to be when he grows up
ⓒ The experience of getting on a real spacecraft
ⓓ What Eric will do during his summer camp in Alabama
ⓔ The diverse activities available at Space Camp

정답은 ⓓ야. 제목이나 주제를 찾는 문제는 전체 내용을 담고 있는 선택지를 골라야 해. 그래서 에릭이 방학 캠프, 즉 *Space Camp*에서 무엇을 하는지를 포괄하는 ⓓ가 답이야. ⓐ는 에릭이 여름방학 계획으로 신이 났다는 점만 담고 있어서 답이 아니야. *Space Camp*에서 이루어지는 다양한 활동까지 포함하는 ⓓ가 글 전체의 주제로 더 적합하지.

실력 쑥쑥 119

1. 윗글의 내용과 일치하면 T, 다르면 F를 써 보자.

① Space Camp was founded to teach kids about space. (　)
② Eric can experience his dream at the camp. (　)
③ Eric cannot wear an astronaut suit. (　)

정답
① T ② T ③ F

미국에서는 왜 비만이 사회 문제일까??

미국의 비만 인구 비율과 그 심각성

어떤 미국인들은 모델처럼 날씬해지려고 극단적인 다이어트에 매달리고 있어.
다른 한편에서는 비만에 시달리는 많은 미국인들이 있지.
이번에는 여러 건강 문제를 일으키는 비만에 대해 알아보자.

학습 키워드 #중학교어휘 #고등학교어휘 #22년교육과정어휘
교과 연계 중학교 > 읽기

연예인처럼 보이려고 심하게 다이어트하는 경우가 있어. 사실 어떤 연예인들은 너무 말라서 건강한 체형이 아닌 경우도 있대. 반면 미국에서는 비만이 사회적 문제로 다뤄질 정도로 심각한 상황이라고 해.

다음 지문은 다이어트나 비만이 건강을 해칠 수 있다는 내용을 담고 있어. 먼저 영어 지문을 소리 내어 읽은 다음 한글 해석과 영어 지문을 직독직해 방식으로 공부해 보자.

문단 1 Sometimes we compare ourselves to the models and
가끔   우리 스스로를 비교해요   모델 그리고
actresses we see on TV. They all look so slender that we think
여배우들과   우리가 TV에서 보는   그들은 모두   너무 날씬해 보이죠   그래서 우리는 생각해요
that we have to lose weight to be like them. However, in most
우리가 살을 빼야 한다고   그들처럼 되기 위해   그러나   대부분의 경우
cases, celebrities are often too thin to be healthy. They give us
유명인들은   종종 지나치게 홀쭉해서   건강하지 않죠   그들은 우리에게 줍니다
a wrong image of what a healthy person should look like. This
그릇된 이미지를   어떻게 건강한 사람이   보여야 하는지에 대한   이것이

꾸준히 직독직해로 영어 지문들을 읽어 가다 보면 실력이 부쩍 늘어난 걸 느낄 수 있을 거야. 독해 실력뿐만 아니라 문제 푸는 실력도 같이 길러야 하니까 시험에 나오는 문제 유형을 만나 볼까?

1. 윗글의 내용과 일치하지 <u>않는</u> 것은?

ⓐ 모델이나 배우처럼 되고자 하는 사람들이 있다.

ⓑ 살을 빼야 한다고 생각하는 사람들이 있다.

ⓒ 유명인은 건강하고 날씬한 모습을 보여 준다.

ⓓ 유명인 때문에 극심한 다이어트를 하는 사람들이 있다.

ⓔ 유명인처럼 되기 위한 운동 프로그램에 돌입하는 사람들이 있다.

정답은 ⓒ야. '*However, in most cases, celebrities are often too thin to be healthy.*'라는 문장에 있는 *too~to* 구문의 정확한 해석이 이 문제의 핵심이지. '*too*+형용사/부사+*to* 부정사'는 '너무 ~해서 ~할 수 없다.'로 해석하잖아. 따라서 이 문장은 '그러나 대부분의 경우, 유명인들은 종종 너무 말라서 건강할 수 없다.'야. 이제 ⓒ가 왜 본문의 내용과 다른지 알 수 있겠지?

문단 2　On the other hand, we also see many more heavy
반면에　　　　　　우리는 또한 보게 되죠　훨씬 더 많은 뚱뚱한 사람들을
people than ever before. In the U.S., for example, one out
이전 어느 때보다　　　　미국에서는　　예를 들어
of every three people is now considered to be obese. The
세 사람 중 한 명이　　　　현재 여겨져요　　비만인 것으로
country has the highest obesity rate in the world. Every year,
미국은 가지고 있어요　　가장 높은 비만율을　　세계에서　　매년
more than 100,000 Americans die of diseases caused by
십만 명 이상의 미국인들이　　죽어요 질병으로　야기된
their extreme weight. The most common causes of obesity
그들의 극단적인 체중에 의해　가장 흔한　비만의 원인들은

are excessive food intake, lack of physical activity, and ge-
지나친 음식 섭취   육체적 활동의 결여
netic factors.
그리고 유전적 요인들이죠

미국의 비만 문제를 다룬 부분이야. 문단 2에 해당하는 세부 내용 문제를 풀어 볼까?

2. Choose the question that <u>cannot be answered</u> with the given text.

ⓐ What can you see now in the U.S. compared to the past?

ⓑ How many people need to control their weight?

ⓒ Which country has the most obese people in the world?

ⓓ What causes obesity in most cases?

ⓔ How many Americans die of diseases caused by extreme diets?

정답은 ⓔ야. *paraphrasing*의 효과 기억하지? ⓐ~ⓓ는 한결같이 지문에 사용된 것과 다른 표현을 쓰고 있지만 뜻은 같아. 반면 ⓔ는 오히려 지문과 똑같은 단어를 쓰고 있지만 내용이 틀리니까 답이지. 지문에는 극심한 다이어트로 인한 질병이 아니라 극단적인 체중, 즉 비만에 의한 질병으로 죽는다고 되어 있어. 이런 문제를 풀려면 꼼꼼하게 직독직해해야 해.

문단 3 Doctors are worried because of the increasing obe-
의사들은 걱정해요   증가하고 있는
sity rates not only in adults but also in children. The American
비만율때문에   성인들뿐만 아니라   어린이들에서도
government considers this the most serious public health
미국 정부는   여겨요 이것이   가장 심각한   공중 건강 문제라고
problem of the 21st century. In ancient times, fat people were
21세기의   고대에는   뚱뚱한 사람들이
respected as symbol of wealth. However, nowadays, when
존경받았어요   부의 상징으로   그러나 요즘에는
most people are trying to look more slender, obesity is con-
대부분의 사람들이   노력하고 있어요   더 날씬해 보이려고   비만은 여겨지죠

미국에서 비만의 심각성과 상징성을 설명하는 문단이야. 3부에서 익힌 단어들이 눈에 좀 띄었니? 이제 세부 내용과 관련된 문제를 풀어 볼까?

3. 윗글의 내용과 일치하는 것은?

    ⓐ 의사들은 늘어나는 성인 비만율만을 우려한다.
    ⓑ 미국 정부는 어린이 비만율만을 21세기의 가장 심각한 문제로 여긴다.
    ⓒ 과거에는 부유한 사람들이 뚱뚱했다.
    ⓓ 현대 사회에서 비만은 극복해야 하는 문제로 여겨진다.
    ⓔ 대부분의 비만인 사람들은 게으른 낙오자들이다.

정답은 ⓓ야. 현재 비만이 가장 심각한 건강 문제이고, 낙오자라는 이미지를 불러일으키고 있다는 점을 지적하고 있어서 본문의 내용과 일치해. ⓐ는 의사들은 성인뿐만 아니라 어린이 비만도 우려하고 있어서 오답이야. ⓑ는 어린이 비만율만 지적하는데, 성인 비만율도 포함해야 맞지. ⓒ는 과거에 뚱뚱한 사람이 부의 상징으로 존경받았다고 했지 부유한 사람들이 뚱뚱했다고 하지는 않았어. ⓔ는 실제 비만인 사람이 게으른 낙오자라고 하지 않았기 때문에 지문과 달라. 이제 지문 전체를 읽을 순서야.

Sometimes, we compare ourselves to the models and actresses we see on TV. They all look so slender that we think that we have to lose weight to be like them. However, in most cases, celebrities are often too thin to be healthy. They give us a wrong image of what a healthy person should look like. This makes people follow extreme diets and exercise programs.

On the other hand, we also see many more heavy people than ever before. In the U.S., for example, one out of every three people is now considered to be obese. The country has the highest obesity rate in the world. Every year, more than 100,000 Americans die of diseases caused by their extreme weight. The most common causes of obesity are excessive food intake, lack of physical activity, and genetic factors.

Doctors are worried because of the increasing obesity rates not only in adults but also in children. The American government considers this the most serious public health problem of the 21st century. In ancient times, fat people were respected as symbol of wealth. However, nowadays, when most people are trying to look more slender, obesity is considered to be a sign of lazy losers.

이번에는 제목 정하기 문제를 서술형으로 풀어 볼까?

4. 윗글이 담고 있는 주제를 보기의 단어를 활용해 써 보자.
   (형태 변화 가능, 반복 사용 불가능)

보기   obesity, problem, in America, health, nowadays, be, social, a, serious

이런 서술형 문제의 답은 여러 가지가 있을 수 있어. 그중 두 가지를 예시 답안으로 제시해 볼게. *"Obesity is a serious health and social* *problem in America nowadays."*나 *"Nowadays, in America, obesity is a serious health and social problem."*

영작할 단어가 주어져도 *writing*은 까다로워. 마지막 파트에서 서술형 문제에 대처하는 방법을 더 자세하게 배우게 될 거야.

1. 윗글의 내용과 일치하면 T, 다르면 F를 써 보자.

① Models and actresses compare themselves. (   )

② There is more than one single cause of obesity. (   )

③ Both doctors and the government are worried about obesity. (   )

정답
① F ② T ③ T

벌레가 이렇게
무서울 수도 있어?

치명적인 벌들

우리를 공격해서 생명에 위협을 가하는 무시무시한 곤충들이 주변에 있다면 어떨까?
무서운 벌에 관한 지문을 읽으면서 영어와 상식을 함께 키워 보자.

학습 키워드 #중학교어휘 #고등학교어휘 #22년교육과정어휘
교과 연계 중학교 > 읽기

　세상에는 정말 다양한 곤충들이 있어. 그중에 공격성이 강한 녀석들은 언제나 우리를 두렵게 하지. 그런데 만약 그런 괴물 곤충이 우리 주변에 나타난다면 어떻게 대처해야 할까? 다음 지문을 읽으면서 그런 곤충들에 대해 알아보자. 소리 내어 지문을 읽은 뒤에 다시 돌아와 문장 앞에서부터 뒤로 바로 읽고 해석하는 직독직해 방식으로 공부하는 거야!

문단1 When we talk about strange, weird insects, we often
우리가 말할 때　　　　이상하고　　기괴한 곤충에 대해　　우리는 종종
think of some exotic places like the Amazon Jungle. However,
생각하죠 어떤 이국적인 장소들을　　아마존 정글 같은　　　　그러나
to your surprise, you can meet one such horrifying creature
당신이 놀랍게도　　　당신은 만날 수 있어요　　그런 무시무시한 생물을
even in your own neighborhood. Japanese Giant hornets live
심지어 당신의 이웃에서도　　　일본 장수 말벌은
neither in remote jungles nor in high mountains. They live in
살지 않아요 외진 정글에도　　　　높은 산에도　　　그것들은 살아요
ordinary places, like outside Tokyo.
평범한 장소에서　　도로 외곽과 같은

말벌은 우리나라에도 살고 있어. 그런데 지문에 등장하는 일본 말벌이 훨씬 더 사나운 녀석인 것 같아. 문단1 내용에 관한 문제 풀어 볼까?

1. 윗글에서 답을 찾을 수 <u>없는</u> 질문은?

ⓐ What do you think of when you hear 'unusual bugs'?
ⓑ Where can you meet a terrible creature?
ⓒ Where do Japanese Giant hornets live?
ⓓ How remote is the Amazon Jungle from Tokyo?
ⓔ What horrifying creatures can you find outside Tokyo?

정답은 ⓓ야. 해석하면, "아마존 정글은 도쿄에서 얼마나 먼가요?" 인데 지문에는 없는 내용이지. *remote, the Amazon Jungle, Tokyo* 등 지문과 동일한 단어들이 들어 있는 함정 선택지인 걸 알 수 있어. 나머지는 다 *paraphrasing*된 질문이고 지문에서 그 답을 찾을 수 있어. ⓐ는 "*We think of some exotic places like the Amazon Jungle.*"라고 답할 수 있지. ⓑ는 "*You can meet such a creature even in your own neighborhood.*" 가 답이야. ⓒ는 "*They live in ordinary places, like outside Tokyo.*"라고 답하면 돼. 마지막으로 ⓔ는 "*Japanese Giant hornets.*"로 답하면 되지.

문단2 They are the size of your thumb and can spray
그것들은 크기입니다   여러분 엄지의   뿌릴 수 있어요
flesh-melting poison. It may sound too dramatic to be real.
살을 녹일 수 있는 독을   이것은 아마 들릴 수도 있어요   너무나 극적이어서 사실이 아닌 것처럼
Yet, these tiny bugs can shoot this terrible substance like
그러나 이들 작은 벌레들은   쏠 수 있어요   이 끔찍한 물질을
robots from a science fiction movie. What is worse, they can
로봇처럼   공상과학 영화의   설상가상으로   그들을
also call every hornet in their hive to come over and sting you
부를 수도 있어요   모든 말벌을   그들의 벌집에 있는   와서   당신을 쏘라고
until you are no longer alive.
당신이 더 이상 살아 있지 않을 때까지

정말 무시무시하잖아? 사람들이 많이 사는 시내에 사는 말벌들이 공격성까지 가지고 있다니 정말 불안해. 이제 이 지문을 바탕으로 시험에서 출제될 수 있는 문제를 풀어 보자.

2. 윗글의 내용과 일치하지 <u>않는</u> 것은?

ⓐ 일본 말벌의 크기는 엄지만 하다.
ⓑ 일본 말벌의 독은 살을 녹일 수 있다.
ⓒ 일본 말벌이 독을 뿌린다는 것은 비현실적으로 극적이다.
ⓓ 일본 말벌은 SF영화의 로봇과 비슷하게 생겼다.
ⓔ 일본 말벌은 동료 말벌들과 같이 공격한다.

정답은 ⓓ야. 얼핏 읽으면 지문과 일치하는 것 같지? 그러나 일본 말벌이 끔찍한 독을 뿌릴 수 있다는 점이 *SF* 영화 속 로봇과 같다고 한 거지, 그 모습이 로봇을 닮았다고 하지는 않았어. 나머지 선택지들은 표현을 조금 바꿨을 뿐 내용은 일치해. 특히 ⓒ는 "*It may sound too dramatic to be real.*"의 해석이야. 'too~to 구문'의 해석이 '너무 ~해서 ~하지 않다.'라는 점을 알면 풀 수 있었겠지. 이제 마지막 문단이야.

문단3   Another monster bug is an Africanized honey bee
또 다른 괴물 벌레는   아프리카화된 꿀벌인데
created not by the nature, but by a man. Warwick E Kerr
만들어졌어요   자연에 의해서가 아니라   인간에 의해   Warwick Ekerr가
created ⓐ it in Brazil by crossing a European bee with an Af-
만들었어요 이것을 브라질에서 교배함으로써   유럽 벌을   아프리카 벌과
rican one. Usually ordinary honey bees wait for nine seconds
          일반적으로   평범한 꿀벌은   기다려요   9초 동안
before attacking the person who comes close to their hive.
공격하기 전에   사람을   가까이 오는   그들 벌집에
The Africanized honey bees are not that patient. It takes only
아프리카화된 꿀벌은   그렇게 인내심이 있지 않아요   시간이 걸려요
half a second for them to get united and attack aggressively.
0.5초가   그것들이 뭉쳐서   맹렬하게 공격하는 데

또 다른 무시무시한 벌에 관한 내용이야. 우리나라엔 이런 곤충이 없어서 정말 다행이야. 이번에는 지문 속 인칭대명사가 가리키는 대상을 묻는 서술형 문제를 풀어 보자.

3. ⓐ it이 지칭하는 대상을 윗글에서 찾아 써 보자.

_____

지문의 *it*이 지칭하는 대상은 *Africanized honey bee*야. 영어는 단어 나 표현이 반복되는 걸 싫어해서 대명사로 앞에 언급된 명사를 대신 표현하는 경우가 많아. 그래서 학교 시험에도 자주 나오곤 해. 이제 지문 전체를 소리 내어 읽어 보자. 기억나지 않는 단어는 표시하는 거 알고 있지?

When we talk about strange, weird insects, we often think of some exotic places like the Amazon Jungle. However, to your surprise, you can meet one such horrifying creature even in your own neighborhood. Japanese Giant hornets live neither in remote jungles nor in high mountains. They live in ordinary places, like outside Tokyo.

They are the size of your thumb and can spray flesh-melting poison. It may sound too dramatic to be real. Yet, these tiny bugs can shoot this terrible substance like robots from a science fiction movie. What is worse, they can also call every hornet in their hive to come over and sting you until you are no longer alive.

Another monster bug is an Africanized honey bee created not by the nature, but by a man. Warwick E Kerr created it in Brazil by crossing a European bee with an African one.

Usually ordinary honey bees wait for nine seconds before attacking the person who comes close to their hive. The Africanized honey bees are not that patient. It takes only half a second for them to get united and attack aggressively.

4. 윗글의 제목으로 가장 잘 어울리는 것은?

ⓐ Japanese Giant Hornets in your Neighborhood
ⓑ Bugs with Flesh-melting Poison
ⓒ Be Aware of Horrible Africanized Honey Bees
ⓓ Monster Bugs Created by Crossing Bees from Europe and Africa.
ⓔ Terrible Insects Capable of Deadly Attacks

정답은 ⓒ야. 제목은 지문 전체의 내용을 담아야 해. 나머지 선택지들은 일부 내용만 포함하고 있어서 제목으로 적합하지 않지. 반면 ⓒ는 전체 내용을 *paraphrasing*해서 담고 있어.

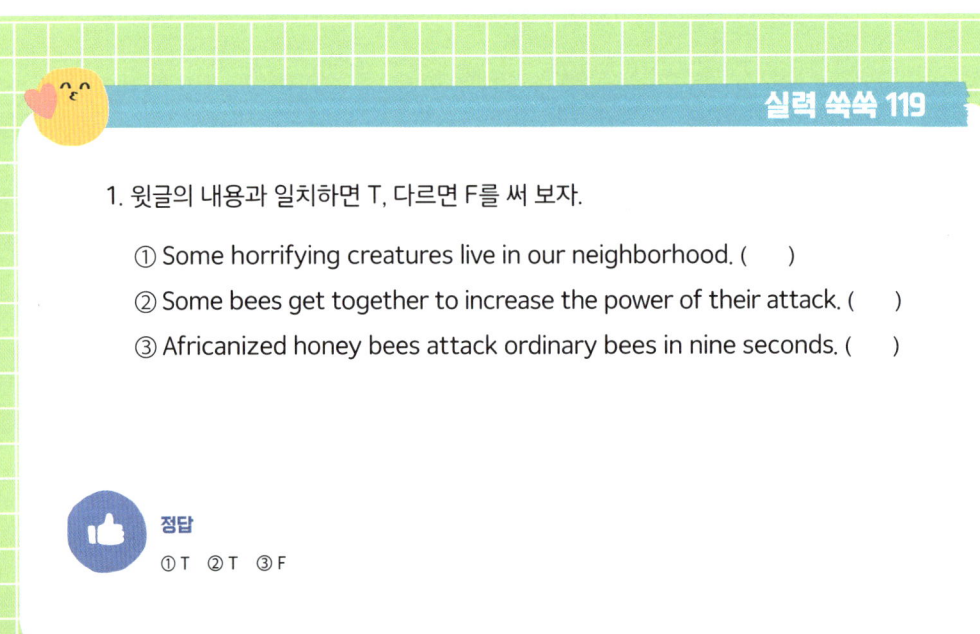

실력 쑥쑥 119

1. 윗글의 내용과 일치하면 T, 다르면 F를 써 보자.

① Some horrifying creatures live in our neighborhood. (   )
② Some bees get together to increase the power of their attack. (   )
③ Africanized honey bees attack ordinary bees in nine seconds. (   )

정답
① T ② T ③ F

도시에서 직접 야채를 길러 먹는다면?

야채를 길러 먹는 재미와 의미

도시인들은 돈을 내고 음식을 사야 해. 식품 안전에 진심인 사람들은 비싼 돈을 주고 유기농 식품을 선택하기도 하지. 경제적이면서 건강한 먹거리를 얻을 수는 없을까? 그 해결책을 다음 글에서 만나 보자.

학습 키워드 #중학교어휘 #고등학교어휘 #22년교육과정어휘
교과 연계   중학교 > 읽기

도시인들은 먹거리를 직접 길러서 얻는다는 게 낯설게 느껴질 거야. 그런데 자신이 먹는 식품을 스스로 재배해서 얻는 사람들이 있대. 이들은 안전한 먹거리도 얻고 기르는 보람까지 느낀다고 해. 이들이 먹거리를 직접 얻는 과정을 알아볼까? 영어 지문을 소리 내어 읽은 뒤 다시 지문 앞으로 돌아와 한글 해석과 영어 지문을 직독직해 방식으로 익혀 보자!

문단1 As more people live in large cities, food safety has
더 많은 사람들이   대도시에 살면서   식품 안전은
become an important issue. For every food item, you have so
되었죠   중요한 문제가   각 식품 항목마다   여러분은 갖고 있죠
many choices of different prices. Of course, the organically
너무 많은 선택을   다른 가격의   물론   유기농으로
cultivated foods are the priciest ones. However, not every-
재배된 식품이   가장 비싼 것이죠   그러나
body can afford expensive organic foods. So, most people
모두가 감당할 수는 없어요   비싼 유기농 식품을   그래서 대부분의 사람들은
just buy environmentally-friendly products. However, there
단지 사죠   환경 친화적인 제품을   그러나 있어요

*James*와 *Susan*의 이야기가 궁금해지지 않아? 어떻게 그들이 자급 자족하고 사는지 정말 궁금해. 그 전에 문단 1에 관한 문제부터 풀어 볼까? 우린 영어 지문을 읽고 상식과 영어 실력, 문제 풀이 능력까지 1석 3조의 효과를 얻어야 하니까. 아자! 아자!

1. 윗글을 읽고 알 수 있는 내용이 <u>아닌</u> 것은?

    ⓐ 더 많은 도시인들이 식품 안전을 걱정한다.
    ⓑ 다양한 가격대의 식품들이 있다.
    ⓒ 유기농 식품이 건강에 가장 좋다.
    ⓓ 친환경 식품을 사는 사람들이 다수이다.
    ⓔ 자신의 먹거리를 기르는 사람들이 있다.

정답은 ⓒ야. 앞에서 주어진 지문의 내용에 한정해서 답을 골라야 한다고 했잖아. 어쩌면 유기농 식품이 건강에 가장 좋을 수 있어. 그런데 지문에는 그런 말이 없었잖아. 가장 비싸다고만 했기 때문에 ⓒ는 위 내용과 다른 선택지인 거지. 나머지는 문단 1의 내용과 일치해.

문단2 James is a dentist by day, and a farmer and bee-
James는 치과의사예요   낮에는   그리고 농부이고 양봉가예요
keeper in his free time. He and his wife wanted to enjoy safe
그의 자유시간에는   그와 그의 아내는   누리기 원해요   안전한 식품을
foods but did not want to pay too much money to do so.
그러나 원하지 않아요 지불하는 것을   너무 많은 돈을   그렇게 하려고
Therefore, they made up their mind to grow their own food.
그래서 그들은   마음을 먹었어요   기르기로   그들 자신의 먹거리를
They moved to a farm house about an hour and a half away
그들은 이사했어요   시골집으로   약 1시간 반 정도
from their workplace. There they began their second pro-
떨어진 그들의 직장에서   그곳에서 그들은 시작했어요   그들의 두 번째 직업을

James와 Susan이 어떻게 안전한 먹거리와 비용 절약이라는 두 마리 토끼를 잡았는지 설명하는 문단이야. 이번에도 시험에 자주 출제되는 문제를 풀어 보자.

2. Choose the question that <u>cannot be answered</u> with the given text.

ⓐ What does James do for a living?

ⓑ What is his second occupation?

ⓒ Why did they move to a farm house?

ⓓ How much money do they pay for their food?

ⓔ What do they grow in their farm?

정답은 ⓓ야. 부부는 안전한 식품을 먹고 싶었지만 많은 돈을 쓰고 싶지는 않았어. 위 글에는 그들이 안전한 식품을 위해 얼마를 지출하는지는 언급되어 있지 않아. 그래서 ⓓ가 정답이야. James의 직업을 묻는 ⓐ의 답은 "*He is a dentist.*"야. 직업은 *work, job, profession, occupation, what you do for a living* 등으로 다양하게 표현할 수 있어. 그의 두 번째 직업 *occupation*을 묻는 ⓑ의 답은 "*He is a farmer and beekeeper.*"이지. ⓒ의 답인 그들이 시골집으로 이사한 이유는 돈 많이 안 들이고 안전한 먹거리를 누리기 위해서야. 따라서, "*To enjoy safe food without paying too much money.*" 정도가 답이 되겠지. ⓔ는 "*They grow vegetables, chickens, and honey bees.*"라고 답하면 돼.

Both James and Susan grew up in the countryside
James와 Susan 둘 다   자랐어요   시골에서
with grandparents. So, they remember how their family ob-
조부모와   그래서 그들은 기억해요   어떻게 그들의 가족이
tained food from their family farm. Every autumn, the couple
얻었는지 음식을   그들 가족 농장에서   매년 가을   부부는
get busy harvesting delicious honey from the beehives they
바빠져요   수확하느라   맛있는 꿀을   벌집에서   그들이 키우는
keep. "⑦ Growing your own food is not easy, but the rewards
당신 자신의 음식을 기르는 것은   쉽지 않아요   그러나 그 보람은
are attractive and addictive.", the couple say.
매력적이고   중독적이죠   부부는 말해요

부부의 어린 시절 경험이 이들에게 좋은 영향을 준 것 같아. *James* 와 *Susan*을 그대로 따라할 수는 없겠지만 잘 참고하면 좋겠어. 마지막 문장에서 그렇게 하는 것이 *attractive*하고 *addictive*하다니까 더더욱 끌리네. 이번에는 문법 문제를 풀어 볼까?

3. 윗글의 ⑦ growing과 품사가 같은 것은?

ⓐ The couple gets busy harvesting delicious honey.
ⓑ A growing baby must have plenty of milk.
ⓒ We sat on the boat, looking out at the sea.
ⓓ Jenny saw me dancing in front of the mirror.
ⓔ Body language is using actions or gestures.

정답은 ⓔ야. 윗글 ⑦ *growing*의 품사는 동명사이지. 1부의 동명사에서 설명한 것처럼, 동명사는 문장의 주, 목, 보 자리에 올 수 있어. 윗글의 *growing*은 주어이고, 정답인 ⓔ의 *using*은 보어 역할을 하는 동명사야. 위 문제의 나머지 선택지들은 모두 현재분사야. 기억이 가물가물하면 1부를 다시 복습해야 해. 이제 지문 전체를 읽을 순서야. 언제나 소리 내어 읽고 뜻이 기억나지 않는 단어는 꼭 표시하는 거 잊지 마.

As more people live in large cities, food safety has become an important issue. For every food item, you have so many choices of different prices. Of course, the organically cultivated foods are the priciest ones. However, not everybody can afford expensive organic foods. So, most people just buy environmentally-friendly products. However, there are also people like James and Susan Ferguson. They secure their food safety by growing their own food.

James is a dentist by day, and a farmer and beekeeper in his free time. He and his wife wanted to enjoy safe foods but did not want to pay too much money to do so. Therefore, they made up their mind to grow their own food. They moved to a farm house about an hour and a half away from their workplace. There they began their second profession of cultivating vegetables, chickens, and even honey bees.

Both James and Susan grew up in the countryside with grandparents. So, they remember how their family obtained food from their family farm. Every autumn, the couple gets busy harvesting delicious honey from the beehives they keep. "Growing your own food is not easy, but the rewards are attractive and addictive.", the couple say.

4. 윗글의 주제를 보기에 있는 단어를 활용해 써 보자.(형태 변형 가능)

보기 how, food, to secure, safety, by, your, food, cultivate, own

답은 "*How to secure food safety by cultivating your own food.*"야.
*cultivate*의 형태를 *by cultivating*으로 변형해서 답을 만들어야 해.

1. 윗글의 내용과 일치하면 T, 다르면 F를 써 보자.

① Everyone can afford all the pricy food choices. (   )
② James and Susan Ferguson eat only organic food. (   )
③ Their grandparents still live in the countryside with them. (   )

정답
① F   ② F   ③ F

닥터피시,
진짜 치료가 될까?

피부병을 치료하는 물고기 의사 닥터피시 이야기

닥터피시라는 물고기에 대해 들어 본 적 있어?
어떤 이들은 피부 질환 치료를 위해 병원이 아닌 온천에 간다고 해.
인간 의사처럼 물고기 의사 닥터피시가 피부를 청결하게 해 주기 때문이지.

학습 키워드　#중학교어휘 #고등학교어휘 #22년교육과정어휘
교과 연계　중학교 > 읽기

　　피부가 간질간질하거나 따끔따끔할 때 있지? 심하면 피부과 의사의 도움을 받기도 하잖아. 그런데 의사가 아닌데도 우리를 도와 주는 고마운 물고기가 있대. 바로 닥터피시야. 이 물고기는 마치 의사처럼 우리의 피부 상태를 좋게 만들어 준대. 이 신기한 물고기에 대해 알아볼까? 먼저 영어 지문을 소리 내어 읽은 다음, 다시 처음으로 돌아와 직독직해로 지문을 공부해 보자.

문단1　When you have a skin problem, you usually go to see
　　　　여러분이 가지고 있을 때　　　피부 문제를　　　여러분은 보통은 보러 가죠
a doctor. Yet, some people go to a spa to get treated not by
　의사를　　　　그러나 어떤 사람들은　　　온천에 가요　　　치료를 받기 위해　의사가 아닌
a doctor but by doctor fish. A doctor fish is a species of fish
　　　　　　닥터피시에 의해　　　　닥터피시는　　　　　　물고기종이에요
that is originally from the hot springs of Turkey. Now you can
　　　원래는 출신이죠　　　　　튀르키예 온천의　　　　이제 여러분은 찾을 수 있어요
find doctor fish spas in many parts of the world.
　　　닥터피시 온천을　　　　많은 곳에서　　　세계의

정말 신통방통한 물고기잖아? 닥터피시를 직접 체험해 보고 싶어
지지 않니? 일단 지금 읽은 내용에 관한 세부 내용 문제부터 풀어 보자.

1. 윗글에서 답을 찾을 수 <u>없는</u> 질문은?

ⓐ What do you do when you have a skin problem?
ⓑ Why do some people go to a spa instead of hospital?
ⓒ Where are these fish initially from?
ⓓ Where can you find doctor fish now?
ⓔ How do doctor fish treat your skin problems?

정답은 ⓔ야. 읽은 부분에서는 닥터피시가 피부 트러블을 어떻게 치
료하는지 나오지 않았기 때문에 ⓔ에 답할 수 없지. 주어진 지문에만 한
정해서 문제를 풀어야 해. ⓐ는 "*You go to see a doctor.*"라고 하면 돼.
ⓑ는 간단하게 "*To get treated by doctor fish.*"라고 답할 수 있지. ⓒ는
"*They are originally from hot springs of Turkey.*"가 맞고. ⓓ는 "*You
can find them in many doctor fish spas around the world.*"라고 하면 되
지. 닥터피시에 대해 더 자세히 알아보자.

문단2 The idea of tiny fish nibbling off your dead skin
　　　　생각은　　　작은 물고기들이　　　당신의 각질을 뜯어 먹는다는
sounds ticklish. Yet, many people seem to like the feeling and
간지럽게 들려요　　　　　그러나 많은 이들은　　　좋아하는 것 같아요　느낌과
the effects of the doctor fish therapy. For certain cases of
효과를　　　　　　닥터피시 치료의　　　　　　특정 경우의
skin conditions, these doctor fish are officially recognized as
피부 상태에는　　　　　이들 닥터피시가　　　공식적으로 인정돼요
an effective treatment. However, they can't cure the disease
효과적인 치료로서　　　　　　그러나 물고기들이　치료할 수는 없어요　병을
completely.
완벽하게

작은 닥터피시들이 발가락을 간지럽히는 모습이 생생하게 떠오르지.

200

2. 윗글의 내용과 일치하는 것은?

    ⓐ 이 작은 물고기들은 피부를 간지럽게 한다.
    ⓑ 많은 사람들은 닥터피시를 좋아한다.
    ⓒ 닥터피시는 일부 피부 질환에 도움이 된다.
    ⓓ 닥터피시는 일부 피부 질환을 완벽하게 치료한다.
    ⓔ 닥터피시는 일반적으로 공식적인 피부 치료로 인정받는다.

정답은 ⓒ야. 나머지 선택지들은 지문의 내용과 조금씩 다른 내용이야. ⓐ는 닥터피시가 각질을 뜯어 먹는다는 생각이 간지럽게 들린다고 해야 맞아. ⓑ는 닥터피시 치료의 느낌과 효과를 좋아한다고 해야 하지. ⓓ는 마지막 문장을 보면 틀린 이유를 알 수 있어. ⓔ는 특정 경우에만 공식적으로 인정받는다고 해야 내용과 일치하지.

문단3 You may think that this natural treatment is risk free.
당신은 생각할지 몰라요   이 자연적인 치료가   위험에서 자유롭다고
But that's not the case. Experts warn that the treatment
그러나 그것은   그렇지 않아요   전문가들은 경고해요   이 치료가
carries some risks. The fish can't bite you because they don't
수반한다고   몇몇 위험을   이 물고기들은   당신을 물 수는 없어요   왜냐하면 그들은 가지고 있지 않으니까요
have teeth. However, both the fish and the water can cause
치아를   그러나   물고기와 물 모두   일으킬 수 있어요
infection. What if a customer with an infectious wound uses
감염을   만약   감염된 상처를 가진 손님이   쓴다면
the spa water? Then the infection would definitely spread
온천물을   그러면 감염이   확실히 퍼질 거예요
to other people sharing the water. Because of such risks,
다른 사람들에게   그 물을 같이 쓰는   그런 위험 때문에
14 states in the U.S. ban these doctor fish from working like
미국의 14개 주가   금지해요 닥터피시를   의사처럼 일하는 것으로부터
doctors.

닥터피시 치료의 위험성을 설명하는 문단이야. 이제 문제를 풀어볼까?

3. 윗글의 내용과 일치하지 <u>않는</u> 것은?

ⓐ The doctor fish therapy contains some risks.

ⓑ According to specialists, this treatment can cause infection.

ⓒ The fish biting can cause pain and infection.

ⓓ A user's infection can spread to other users of the same spa.

ⓔ Some American states ban doctor fish therapy.

정답은 ⓒ야. 닥터피시가 물어서 통증과 감염을 일으키지는 않거든. 염증이 있는 사용자의 각질을 먹은 닥터피시가 다른 사용자에게 감염을 일으킬 수도 있다고 했어. 통증 부분은 언급 자체가 없고. 얼핏 보면 지문 내용과 일치하는 것 같은 선택지를 언제나 조심해야 해. 나머지 선택지들은 지문의 내용을 *paraphrasing*한 문장들이야. 이제 지문 전체를 읽을 순서야. 소리 내어 읽고 뜻이 기억나지 않는 단어는 꼭 표시하는 거 알지?

When you have a skin problem, you usually go to see a doctor. Yet, some people go to a spa to get treated not by a doctor but by doctor fish. A doctor fish is a species of fish that is originally from the hot springs of Turkey. Now you can find doctor fish spas in many parts of the world.

The idea of tiny fish nibbling off your dead skin sounds ticklish. Yet, many people seem to like the feeling and the effects of the doctor fish therapy. For certain cases of skin conditions, these doctor fish are officially recognized as an effective treatment. However, they can't cure the disease completely.

You may think that this natural treatment is risk free. But that's not the case. Experts warn that the treatment carries some risks. The fish can't bite you because they don't have teeth. However, both the fish and the water can cause infection. What if a customer with an infectious wound uses the spa water? Then the infection would definitely spread to other people sharing the water. Because of such risks, 14 states in the U.S. ban these doctor fish from working like doctors.

4. 윗글의 주제를 보기에 있는 단어를 모두 사용해 써 보자. (반복 사용 불가)

보기　helpful, both, can be, the, therapy, harmful, doctor fish, and

_____

답은 "*The doctor fish therapy can be both helpful and harmful.*"야.
물론 *harmful*을 먼저 쓸 수 있겠지만 지문의 내용 전개도 그렇고 일반적
으로 긍정적인 면을 먼저 쓰기 때문에 *helpful*을 앞에 쓰는 것이 더 좋아.

1. 윗글의 내용과 일치하면 T, 다르면 F를 써 보자.

　① Some people can get help from doctor fish therapy. (　　)
　② Doctor fish can cure all kinds of skin problems. (　　)
　③ This natural treatment is free from risks. (　)

정답
①T　②F　③F

소리 때문에 건강이 나빠진다고?

큰 소음이 우리 건강에 미치는 영향

주변이 시끄러우면 집중하기 어렵잖아. 주변 소음은 집중력에도 악영향을 끼치고
우리의 육체와 정신 건강에도 안 좋은 영향을 준다고 해.
소음이 만들어 내는 문제에 대해 자세히 알아보자.

학습 키워드 #중학교어휘 #고등학교어휘 #22년교육과정어휘
교과 연계 중학교 〉 읽기

시끄러운 곳에서는 친구와 대화하기도 힘들고 집중하기도 쉽지 않
아. 소음 공해라는 말에서 알 수 있듯이 소음은 우리 생활에 피해를 주
지. 다음 글을 직독직해하면서 소음에 대해 알아보자. 먼저 소리 내어 읽
은 뒤 다시 처음으로 돌아와 한글 해석과 영어 지문을 직독직해 방식으
로 공부하는 거야!

문단1 Our lives are surrounded by noises of all kinds. Some
　　우리의 생활은　　둘러싸여 있어요　　　　모든 종류의 소음에
of them are so loud that they can even damage our hearing.
그중 일부는　　너무나 커서　　　그것들은 심지어　손상시킬 수 있어요　우리의 청력을
Hearing is essential for our well-being. ㉠_____, hearing im-
　청력은　　필수적이죠　　　　우리의 웰빙에　　　　　　청각 손상은
pairment is definitely a serious problem that we should avoid.
　　　　　　　　　분명　　　　심각한 문제이죠　　　　우리가 피해야 하는

204

이번에는 처음 만나는 유형의 문제야. 문장과 문장 사이를 논리적으로 매끄럽게 연결하는 부사를 고르는 문제를 풀어 보자.

1. 빈칸 ㉠에 들어갈 수 있는 부사를 고르시오.

ⓐ Nevertheless   ⓑ However   In addition
ⓓ Therefore   ⓔ Besides

정답은 ⓓ야. '청력이 우리의 웰빙에 필수적이다.'라는 문장에 이어 청력 손상은 심각한 문제라는 내용이 나오기 때문에 그 사이에는 '따라서'라는 뜻인 *therefore*가 어울리지. *nevertheless*는 '그럼에도 불구하고'이고, *however*는 '그러나'야. 이들 부사는 앞과 뒤의 문장이 대조적이거나 반대일 경우에 사용해. *in addition*과 *besides*는 '덧붙이면'과 '게다가'를 뜻하고, 앞 문장의 내용에 정보를 추가할 때 사용하는 부사들이지.

문단2 In 2001, studies found that 12.5% of American
2001년에   연구는 발견했어요   12.5%의 미국
children had impaired hearing in one of their ears. The main
어린이들이   손상된 청력을 가지고 있다는 것을   한쪽 귀에   주된
cause was the way they listen to music. As many as 80% of
원인은   방식이었죠   그들이 음악을 듣는   최대 80%의
elementary school children use earphones to listen to music
초등학생들이   이어폰을 사용해요   음악을 듣기 위해
for hours. This exposes them to harmful levels of noise long
수 시간 동안   이것은 그들을 노출시켜요   해로운 수준의 소음에   충분히 길게
enough to harm their ears. When young people suffer hear-
그들의 귀를 손상시킬 정도로   젊은 사람들이   겪으면
ing impairment, they also have problems with communication
청각 손상을   그들은 또한 가져요 문제를   의사소통의
learning and social behavior.
학습과 사회적 행동의

생각보다 소음 문제가 심각하다는 걸 알 수 있는 문단이야. 음악을 너무 크게 듣는 것도 생각보다 위험할 수 있어.

2. 윗글의 내용과 일치하지 <u>않는</u> 것은?

ⓐ 1/10 넘는 미국 어린이들이 한 쪽 귀에 문제가 있다.

ⓑ 음악을 듣는 방식이 청력 손상의 유일한 문제이다.

ⓒ 대다수의 초등학생들은 이어폰으로 음악을 듣는다.

ⓓ 이어폰으로 크게 오래 들어서 청력에 문제가 생긴다.

ⓔ 청력 손상은 복합적인 문제를 일으킬 수 있다.

정답은 ⓑ야. 이어폰으로 음악을 듣는 건 원인 중 하나이지 유일한 원인은 아니니까. 언제나 지문의 내용을 정밀하게 살피면서 풀어야 해.

문단3 Another health worry caused by loud noises is inter-
또 다른 걱정은　　　　큰 소음에 의해 생긴
rupted sleep. A good night's sleep is important for physical
방해받는 수면이에요　　숙면은　　　중요해요　　　육체적
and psychological health. However, many people in cities
정신적 건강에　　　　그러나 많은 사람들이　도시에서
can't enjoy uninterrupted sleep at night. Environmental nois-
누리지 못해요　　방해받지 않는 수면을　밤에　　　환경 소음들은
es such as the traffic sounds are one of the major causes of
교통 소리와 같은　　　　중요한 원인 중 하나이죠
such sleeping problems. It seems that it's difficult to be free
그런 수면 문제의　　　　어려운 것 같아요　　자유롭기가
from noise in the busy noisy city life.
소음으로부터　　바쁘고 시끄러운　도시 생활에서

소음의 또 다른 문제점을 지적하는 내용이야. 지금 너희 주변의 소음은 어느 정도야? 다음 문제를 잘 풀 수 있을 정도로 낮은 수준이면 좋겠어.

3. Choose the question that <u>cannot be answered</u> with the given text.

ⓐ What is an additional problem of loud noises?

ⓑ Why is sleeping well at night important?

ⓒ Are there many people who can't have a good night's sleep?

ⓓ What is one of the main causes of sleeping problems?

ⓔ How difficult is it to be free in the busy, noisy city life?

정답은 ⓔ야. 지문의 마지막 문장을 해석하면, "분주하고 시끄러운 도시 생활에서 소음으로부터 자유로워지는 것이 어려운 것 같다."이지. 그런데 ⓔ는 소음으로부터 자유로운 것이 아니라 그냥 자유로워지는 것이 얼마나 어렵냐고 묻고 있어. 윗글만으로는 답할 수 없는 질문이지. ⓐ는 "*Interrupted sleep is another problem of loud noises.*"라고 답하면 되고 ⓑ는 "*It's important because it affects our physical and psychological health.*"가 답이 될 거야. ⓒ는 "*Yes, there are many people who can't sleep well at night.*" 정도면 답이 되지. ⓓ에는 "*Environmental noises such as the traffic sounds are one of the major causes of such sleeping problems.*"라고 답하면 돼. 이제 지문 전체를 읽을 순서야. 언제나 소리 내어 읽고, 뜻이 기억나지 않는 단어는 꼭 표시하는 거 알고 있지?

Our lives are surrounded by noises of all kinds. Some of them are so loud that they can even damage our hearing. Hearing is essential for our well-being. Therefore, hearing impairment is definitely a serious problem that we should avoid.

In 2001, studies found that 12.5% of American children had impaired hearing in one of their ears. The main cause was the way they listen to music. As many as 80% of elementary school children use earphones to listen to music for hours. This exposes them to harmful levels of noise long enough to harm their ears. When young people suffer hearing impairment, they also have problems with communication, learning, and social behavior. Another health worry caused by loud noises is interrupted sleep. A good night's sleep is important for physical and psychological health. However, many people in cities can't enjoy uninterrupted sleep at night. Environmental noises such as the traffic sounds are one of the major causes of such sleeping problems. It seems that it's difficult to be free from noise in the busy, noisy city life.

4. 윗글의 주제를 보기에 있는 단어를 사용하여 써 보자.
   (주어진 단어 모두 사용, 반복 사용 불가, 형태 변형 가능)

> **보기** health, include, problems, noises, many, can, loud, impair, hearing, interrupt, sleep, cause, and

_____

답은 "*Loud noises can cause many health problems including impaired hearing and interrupted sleep.*"야. 원형으로 주어진 동사를 현재분사나 과거분사 등으로 그 형태를 고쳐서 쓰는 변형 문제도 자주 출제되는 만큼 이에 대한 연습이 필요해.

1. 윗글의 내용과 일치하면 T, 다르면 F를 써 보자.

   ① Any kind of noise damage our health. (   )
   ② Earphones can cause hearing impairment. (   )
   ③ If you don't sleep well, you can't be healthy. (   )

정답
① F   ② T   ③ T

허브로 마음을 치유할 수 있을까?

허브의 치유 효과

향기로운 허브티 한잔이 우리 현대인에게 어떤 효과가 있을까?
허브의 놀라운 약효에 대해 알아보자. 공부로 지친 몸과 마음에 활력을 안겨 줄 거야.

학습 키워드 #중학교어휘 #고등학교어휘 #22년교육과정어휘
교과 연계 중학교 > 읽기

　　서양인들은 오래전부터 다양한 허브차를 마셨다고 해. 향이 좋아서 마시는 사람도 있지만 허브가 지닌 약효 때문에 마시는 이들도 있어. 우리 주변에 보이는 다양한 허브가 가지고 있는 치유 효과에 대해 알아보자. 다음 지문을 소리 내어 읽은 뒤에 영어 지문을 직독직해해 볼까.

문단1 We all want to lead long healthy lives. Thus, it would
우리 모두 원해요　살기를　　길고 건강한 삶을　　따라서 현명할 것입니다
be wise of us to learn about the healing properties of some of
우리가 배우는 것이　　치유하는 특성에 대해　　　일부
the herbs around us. The more we know about ⓐ them, the
허브의　우리 주변에 있는　　더 많이 우리가 그것들에 대해 알수록
easier it will be for us to prevent even such deadly diseases
더 쉬워질 거예요　　우리가 예방하는 것이　　그런 치명적인 질병도
as cancer.
암과 같은

1. ⓐ them이 지칭하는 대상을 윗글에서 찾아 써 보자.

_____

답은 *healing properties*야. 대명사가 지칭하는 명사가 조금 떨어져 있는 경우가 시험에 자주 나오곤 해. 글의 내용을 잘 파악하고 읽는다면 쉽게 찾을 수 있어. 물론 *them*이 복수니까 지칭하는 명사 역시 복수여야 해. 이제 치유 효능이 있는 허브에 대해 더 자세히 알아볼까?

문단2 Rosemary is a type of herb that people usually grow
로즈메리는   한 종류의 허브예요   사람들이 주로 키우는
for its pleasant scent. Yet, it also holds some wonderful
그것의 기분 좋은 향 때문에   그러나 이것은 가지고 있어요   몇몇 놀라운
healing properties. It can reduce the potential damage of
치유하는 특성을   이것은 줄일 수 있어요   잠재적인 피해를
cancer-causing substances. Frying or grilling meat at high
암을 유발하는 물질의   고기를 튀기거나 굽는 것은   높은
temperatures creates a substance that can cause cancer in
온도로   만들어요 물질을   암을 유발하는
our bodies. However, if you sprinkle rosemary leaves onto the
우리 몸에   하지만 만약 당신이   뿌리면 로즈메리 잎을
meat before cooking it, the herb can greatly reduce the harm
고기 위에   그것을 조리하기 전에   이 허브가 크게 줄일 수 있어요
of the cancer-causing substances. Another common herb
해를   발암 물질의   또 다른 흔한 허브는
that has similar medicinal effect is garlic. If you eat a lot of
비슷한 약효를 가진   마늘이지요   만약 당신이 먹으면
garlic, you are much less likely to get certain types of cancer.
많은 마늘을   당신은 가능성이 훨씬 적어요   특정 종류의 암에 걸릴

많이 들어 본 허브 이름이 등장하지? 이런 글을 읽으면 영어 실력과 상식을 동시에 키울 수 있어.

2. 윗글의 내용과 일치하지 <u>않는</u> 것은?

ⓐ Rosemary is a kind of herb that smells nice.

ⓑ Rosemary has some medicinal effects.

ⓒ High temperatures can create cancer-causing substances.

ⓓ Rosemary leaves on BBQ meat can lower the risk of cancer.

ⓔ Garlic is another herb that can prevent some kinds of cancer.

정답은 ⓒ야. 윗글에서 고기를 고온에 튀기거나 구울 때 발암 물질이 발생할 수 있다고 했어. 그런데 ⓒ는 높은 온도 자체가 발암 물질을 만든다고 하니까 윗글의 내용과 일치하지 않지. 내용과 일치하는 선택지들은 *paraphrasing*되어 제시되기에 오히려 본문과 다른 것처럼 보일 수 있어. 그러니 꼭 직독직해로 정확하게 해석해야 해.

문단3 Some herbs are helpful not only for your body, but
일부 허브는   도움이 돼요   몸뿐만 아니라
also for your mind. Holy Basil, for example, combats stress,
정신에도   홀리 바질은 예를 들어   무찌르죠 스트레스를
which is the biggest enemy of modern people. The herb can
그것은 가장 큰 적이죠   현대인의   이 허브는
relieve tension and even prevent depression. Feeling low?
완화할 수 있어요   긴장을 그리고 심지어 예방할 수 있어요 우울증도   기분이 가라앉나요
Then what about a cup of hot basil tea? It can relax you and
그럼 어떨까요   한 잔의 뜨거운 바질 차는   이것은 당신을 진정시켜 줄 수 있어요
even make you feel happier.
심지어 만들 수 있어요 당신이 더 행복하게 느끼게

허브의 추가적인 약효에 대한 설명이야. 잘 알아 두면 우리 건강을 지키는 데 도움이 될 것 같아. 따뜻한 허브차 한 잔 마시면서 차분하게 다음 문제를 풀어 보자.

3. 윗글을 바탕으로 답할 수 <u>없는</u> 질문은?

ⓐ 허브는 우리의 어떤 부분에 약효가 있나요?

ⓑ 홀리 바질의 약효는 왜 현대인에게 더 의미가 있을까요?

ⓒ 홀리 바질은 어떤 약효를 가지고 있는 허브인가요?

ⓓ 기분이 울적할 때는 어떻게 하면 좋을까요?

ⓔ 따뜻한 바질 차는 어디서 구입할 수 있나요?

정답은 ⓒ야. 윗글은 바질 차의 약효를 상세하게 설명하고 있지만 구입할 수 있는 장소는 언급하지 않았어. ⓐ는 "허브는 우리 몸뿐만 아니라 정신에도 도움이 됩니다."가 답이야. ⓑ는 "현대인의 최대 적인 스트레스를 줄여 주기 때문이다."가 대답이 될 거고. ⓒ는 "홀리 바질은 긴장을 줄이고 우울증을 예방할 수 있다." 정도면 답이 되지 않을까? ⓓ는 "따뜻한 바질 차 한 잔을 마셔 볼 수 있다."라고 답하면 되겠지? 이제 지문 전체를 읽어 보자. 먼저 소리 내어 읽고, 뜻이 기억나지 않는 단어는 꼭 표시하는 거 알지?

We all want to lead long, healthy lives. Thus, it would be wise of us to learn about the healing properties of some of the herbs around us. The more we know about them, the easier it will be for us to prevent even such deadly diseases as cancer.

Rosemary is a type of herb that people usually grow for its pleasant scent. Yet, it also holds some wonderful healing properties. It can reduce the potential damage of cancer-causing substances. Frying or grilling meat at high temperatures creates a substance that can cause cancer in our bodies. However, if you sprinkle rosemary leaves onto the meat before cooking it, the herb can greatly reduce the harm of the cancer-causing substances. Another common herb that has similar medicinal effect is garlic. If you eat a lot of garlic, you are much less likely to get certain types of cancer.

Some herbs are helpful not only for your body, but also for your mind. Holy Basil, for example, combats stress, which is the biggest enemy of modern people. The herb can relieve tension and even prevent depression. Feeling low? Then what about a cup of hot basil tea? It can relax you and even make you feel happier.

4. 윗글의 제목으로 가장 어울리는 것은?

ⓐ Why do People Want to Live Long, Happy Lives?
ⓑ What do Wise People Learn about?
ⓒ What are the Healing Properties of Rosemary?
ⓓ What Kinds of Health Benefits can you get from Holy Basil?
ⓔ What are the Medicinal Effects of some Herbs?

정답은 ⓔ야. 나머지는 지문 일부에만 해당하지만 ⓔ는 전체 내용을 담을 수 있기 때문이지. 제목과 주제는 ⓔ처럼 포괄적인 내용을 담고 있어야 해.

실력 쑥쑥 119

1. 윗글의 내용과 일치하면 T, 다르면 F를 써 보자.

① Rosemary can completely cure cancer caused by grilled meat. (   )
② People grow garlic for its pleasant scent (   )
③ Hebs can be very helpful to modern people. (   )

정답

① F ② F ③ T

뜨끈뜨끈한 온천 이야기

온천과 간헐천

추운 겨울날 따뜻한 온천욕을 즐길 수 있다면 정말 좋지.
따뜻한 물뿐만 아니라 멋진 경치까지 선사하는 온천으로 여행을 떠나 볼까?

학습 키워드 #중학교어휘 #고등학교어휘 #22년교육과정어휘
교과 연계 중학교 > 읽기

온천에 가 본 적 있어? 어른들은 온천에서 물이 뜨거워도 시원하다고 하지. 아마도 온천수가 몸과 마음의 긴장을 풀어 주기 때문일 거야. 아래 지문을 읽으면서 온천과 간헐천에 대해 배워 보자. 다음 지문을 소리 내어 읽은 뒤에 영어 지문을 직독직해해 볼까?

문단1 Do you feel like taking a long warm bath? Then you may
하고 싶으세요?　긴 따뜻한 목욕을?　그렇다면 당신은 고려할 수 있겠어요.
consider visiting a hot spring. You can enjoy not only the re-
온천을 방문하는 것을　당신은 즐길 수 있어요.
laxing warm water but also its medicinal properties, along with
편안하게 해 주는 따뜻한 물뿐만 아니라　그들의 의학적 성질들도
a wonderful view of the hot springs. A hot spring is a spring of
멋진 경치와 함께　온천의　온천은　샘이에요.
naturally heated groundwater. There are many famous hot
자연적으로 따뜻해진 지하수로 된　있어요　많은 유명한 온천들이
springs in different locations of the world. Most visitors are
다른 장소에　세계의　대부분의 방문객들은
fascinated by the spectacular view of hot springs and geysers.
매료돼요　멋진 경관에　온천과 간헐천의

지문을 읽으면서 온천의 모습이 잘 그려지니? 영어 지문을 읽고 있다는 것을 잊을 정도로 내용에 몰입될 수 있다면 가장 좋아. 그럼 문단 1에 있는 내용을 바탕으로 다음 문제를 풀어 볼까?

1. 윗글에서 답을 찾을 수 <u>없는</u> 질문은?

ⓐ What can you enjoy at a hot spring?

ⓑ How is the water of a hot spring heated?

ⓒ When can you go to a hot spring?

ⓓ Which country is famous for hot springs and geysers?

ⓔ What fascinates most visitors to hot springs?

정답은 ⓓ야. 윗글은 세계 여러 곳에 유명한 온천이 많다고 했지, 구체적으로 온천과 간헐천이 어떤 나라에 있는지는 언급하지 않고 있어서 ⓓ에는 답을 할 수 없어. 그럼 나머지 질문의 답을 살펴볼까?

ⓐ에는 "*You can enjoy both the relaxing warm water and its medicinal properties.*"라고 할 수 있어. ⓑ는 "*It is naturally heated,*" 또는 "*The water gets heated by the nature.*" 정도로 답할 수 있겠지. ⓒ에는 "*You can go to a hot spring when you feel like taking a long, warm bath.*"가 어울리고, 마지막 ⓔ에는 지문의 마지막 문장이 답이 돼. 그럼 계속해서 문단 2의 직독직해를 통해 온천에 대해 더 상세히 알아볼까.

문단2 Japan has many hot springs around the country. If
일본은 가지고 있어요　　많은 온천을　　　　　전국에
you are looking for an exotic view Jigokudani Monkey Park
만약 당신이 찾고 있다면　　　이국적인 경관을　　　지고쿠다니 원숭이 공원이
could be an interesting destination. The name means "Hell's
될 수 있어요　　　흥미로운 목적지가　　　　이 이름은 의미해요
Valley" because of the steam and boiling water that bub-
"지옥의 계곡"을　　　증기 때문에　　　그리고 끓는 물 때문에
bles out of the frozen ground. ㉠It is also famous for its large
보글보글 넘쳐 나오는　　　언 땅에서　　　이곳은 또한 유명해요　　큰 개체수 때문에

일본의 온천을 소개하는 지문이야. 그럼 이번에는 문단 2에 포함된 서술형 지칭 문제를 풀어 보자.

2. ㉠ It이 지칭하는 대상을 윗글에서 찾아 써 보자.

_____

답은 *Jigokudani Monkey Park*야. 일단 *it*는 단수 대명사니까 지칭하는 명사 또한 단수여야겠지. 그런데 바로 앞 문장의 주어인 *the name*을 답으로 고르면 안 돼. "*The name is also famous for~*"라고 하면 의미가 맞지 않으니까. 그래서 지문의 두 번째 문장의 주어인 *Jigokudani Monkey Park*가 *it*이 지칭하는 명사야. 마지막 문단으로 넘어가기 전에 문단 2의 세부 내용 문제를 학교 시험 유형으로 하나 더 풀어 보자.

3. 윗글의 내용과 일치하지 않는 것은?

ⓐ 일본은 온천이 많은 나라이다.
ⓑ 지고쿠다니 원숭이 온천은 독특한 경관을 자랑한다.
ⓒ 뜨거운 물과 증기 때문에 "지옥의 계곡"이란 이름이 붙었다.
ⓓ 야생 일본 원숭이는 이 온천에 일년 내내 머문다.
ⓔ 그 원숭이들 덕분에 독특한 광경이 연출된다.

정답은 ⓓ야. 야생 일본 원숭이들은 겨울에만 이 온천에 와서 뜨거운 온천수를 즐긴다고 했기 때문이지. 상세 내용 문제는 이렇게 매우 세

세한 내용을 묻는 경우가 있어. 선택지를 꼼꼼하게 읽어야 함정에 빠지지 않겠지? 이제 마지막 문단을 직독직해할 차례야.

문단3 To enjoy hot springs and geysers, however, Yellow-
즐기기 위해서는 / 온천과 간헐천을 / 그러나
stone National Park is definitely the place (A) to go. It lies on
엘로스톤 국립공원이 / 분명 가야 할 장소입니다 / 이 공원은 있어요
top of a gigantic hotspot where heated molten lava rises
거대한 열점 위에 / 그곳에서는 달궈진 녹은 용암이 / 올라와요
towards the surface. It has more than 10,000 geysers and
지표면으로 / 이것은 가지고 있어요 / 1만 개 이상의 간헐천과
hot springs. Yellowstone contains half the world's known hot
온천을 / 엘로스톤은 포함하죠 / 절반의 세계의 알려진
spring and geysers.
온천과 / 간헐천을

옐로스톤은 미국의 대표적인 국립공원이야. 전체를 둘러보려면 며칠이 걸릴 정도로 그 규모가 거대하지. *Old Faithful*이 가장 대표적인 간헐천인데, 뜨거운 물이 하늘로 솟구치는 광경을 보기 위해 많은 관광객들이 시간에 맞춰 모여. 이번에는 앞서 배운 문법 문제를 풀어 볼까?

3. 윗글의 (A) to go의 용법과 같은 것은?

ⓐ To enjoy hot springs and geysers, you can visit Yellowstone.
ⓑ Wild Snow Monkeys want to enjoy the water of the hot spring.
ⓒ There are many famous hot springs to visit in the world.
ⓓ It would be memorable to see wild monkeys in the hot spring.
ⓔ Visitors find it pleasant to soak themselves in the warm water.

정답은 ⓒ야. 윗글의 (A) *to go*는 앞에 있는 명사 *place*를 수식하는 형용사적 용법의 *to*부정사야. ⓒ의 *to visit* 또한 명사인 *springs*를 수식하는 형용사적 용법이기 때문에 답이 돼. 나머지 *to* 부정사들의 용법을 보면 ⓐ는 부사적 용법이고, ⓑ는 동사의 목적어 역할을 하는 명사적 용

법의 *to*부정사야. ⓓ와 ⓔ도 명사적 용법인데, ⓓ의 *to see*는 진주어 기능을 하고 ⓔ의 *to soak*는 진목적어 기능을 하는 명사적 용법의 *to*부정사야. 만약 *to*부정사의 용법이 잘 기억나지 않으면 해당 부분을 복습해 봐. 이제 지문 전체를 읽을 타임! 소리 내어 읽고, 뜻이 기억나지 않는 단어는 꼭 표시하자.

Do you feel like taking a long, warm bath? Then you may consider visiting a hot spring. You can enjoy not only the relaxing warm water, but also its medicinal properties, along with a wonderful view of the hot springs. A hot spring is a spring of naturally heated groundwater. There are many famous hot springs in different locations of the world. Most visitors are fascinated by the spectacular view of hot springs and geysers.

Japan has many hot springs around the country. If you are looking for an exotic view, Jigokudani Monkey Park could be an interesting destination. The name means "Hell's Valley" because of the steam and boiling water that bubbles out of the frozen ground. It is also famous for its large population of wild Snow Monkeys that come to the valley during the winter. They sit in the warm waters of the hot spring and provide quite a unique sight to tourists.

To enjoy hot springs and geysers, however, Yellowstone National Park is definitely the place to go. It lies on top of a gigantic hotspot where heated molten lava rises towards the surface. It has more than 10,000 geysers and hot springs. Yellowstone contains half the world's known hot spring and geysers.

지문 전체에 관한 아래 문제를 잘 풀어 볼까?

4. 윗글을 쓴 목적으로 가장 적절한 것은?

    ⓐ To explain the medicinal properties of hot springs.

    ⓑ To explain why some famous hot springs are located in Japan.

    ⓒ To show the habits of Snow Monkeys in Jigokudani Monkey Park.

    ⓓ To explain how many geysers are located in Yellowstone.

    ⓔ To introduce some places renowned for their hot springs.

정답은 ⓔ. 나머지는 지문의 일부에만 해당되지만 ⓔ는 전체 내용을 품고 있거든. 제목과 주제는 ⓔ처럼 전체 내용을 포괄하는 선택지가 정답이야.

1. 윗글의 내용과 일치하면 T, 다르면 F를 써 보자.

    ① Visitors are attracted to the wonderful view of hot springs. (   )

    ② Jigokudani means "Hell's Valley" because of the monkeys. (   )

    ③ Yellowstone has 50% of the world's hot springs and geysers. (   )

정답
①T ②F ③T

냄새가 우리 기분까지 좋게 만든다고?

향기가 정신에 미치는 효과

좋은 냄새는 좋은 감정을 일으킨다고 하지.
반면 안 좋은 냄새를 맡으면 기분이 불쾌해지는 경우가 있어.
왜 그런지 지문을 읽으면서 답을 찾아봐.

학습 키워드　#중학교어휘 #고등학교어휘 #22년교육과정어휘
교과 연계　중학교 > 읽기

　기분이 울적할 때 어떤 향을 맡으면 도움이 될까? 이번 글을 읽으면 어떤 향을 맡아야 할지 알게 될 거야. 영어 실력과 상식이 동시에 쑥쑥! 언제나처럼 먼저 영어 지문을 소리 내어 읽은 다음 직독직해로 들어가는 거야.

문단1　We often tend to ignore the power of our sense of
우리는 종종 무시하는 경향이 있어요　　　힘을　　　　우리 후각의
smell. Yet, surprisingly, our nose greatly influences the
그러나 놀랍게도　　　우리의 코는 크게 영향을 줘요
emotions related to our memories. Certain scents bring back
감정에　　　　우리의 기억과 관련된　　　　특정 향은 가져와요
pleasant feelings we felt in the past. A pine scent for
기분 좋은 감정을　　　우리가 느꼈던 과거에　　소나무향은
instance usually reminds people of having camped under
예를 들어　　　보통 기억나게 해요　　　사람들에게 캠핑했던 것을
the shade of tall pine trees during their teens. Why is smell so
큰 소나무 그늘 아래서　　　그들의 십대 시절에　　왜 냄새는
closely linked with our memories?
그렇게 밀접하게 연결될까요　　　우리의 기억과

윗글의 마지막 질문에 대한 답이 궁금하더라도 먼저 문단 1 내용을 바탕으로 다음 문제를 풀어 보자. 그런 다음 문단 2로 이동하자.

1. 윗글의 내용과 일치하지 <u>않는</u> 것은?

ⓐ 후각의 효과는 크게 부각되지 않는 경향이 있다.
ⓑ 후각은 우리의 기억에 영향을 준다.
ⓒ 어떤 향은 과거에 가졌던 좋은 기분을 떠올리게 한다.
ⓓ 소나무향은 야외에서 했던 경험을 기억나게 한다.
ⓔ 후각은 소나무향에 특히 민감하게 반응한다.

정답은 ⓔ야. 과거에 느꼈던 기분 좋은 추억을 떠올리는 한 예로 십 대에 맡았던 소나무향을 언급했었지 후각이 소나무향에 특별하게 민감하게 반응한다는 내용은 없거든. 그럼 이제는 후각과 기억의 관계에 대한 문단 2의 내용을 직독직해로 배워 볼까?

> **문단2** One reason is that the part of the brain that process-
> 하나의 이유는　　　　　　　　　　뇌의 부분이
> es smells interacts with the region that stores emotional
> 냄새를 처리하는　　상호작용하기 때문입니다　　저장하는 영역과　　정서적
> memories. Therefore, a smell becomes linked with the partic-
> 기억을　　　　　따라서 냄새는　　　　　연결되지요
> ular experience, person or time period. In some cases, we just
> 특정 경험과　　　　　　　사람 또는 시절과　　어떤 경우에는　　우리는 단지
> have negative feelings about a smell and don't know why.
> 부정적인 감정만 가져요　　　어떤 냄새에 대해　　　그리고 몰라요. 왜 그런지
> Researchers believe that's probably because of the experi-
> 연구자들은 믿어요　　　　그것은 아마도　　　경험 때문이라고
> ences we had in the course of our evolution.
> 우리가 가졌던 진화의 과정에서

영어 지문을 읽다 보면 다양한 분야에 대해 알게 되고 영어 실력과 상식이 같이 자라게 돼. 이제 문단 2의 상세 내용 문제를 풀어 보자.

2. Choose the question that <u>cannot be answered</u> with the given text.

ⓐ Why is smell closely related with memory?

ⓑ Why does a smell remind you of a particular experience?

ⓒ Why does a smell bring back the memory of a person?

ⓓ What causes the negative feelings of a certain smell?

ⓔ What do researchers know about the entire human evolution?

정답은 ⓔ야. 해석하면 "연구원들은 인간의 진화 전체에 대해 무엇을 아는가?"인데, 윗글의 내용으로는 답할 수 없는 질문이야. 나머지 질문의 답을 찾아볼까? 흥미롭게도 ⓐ, ⓑ, ⓒ는 "*Because the part of the brain that processes smells interacts with the region that stores emotional memories.*"라고 하면 다 답할 수 있어. ⓓ에는 "*Probably the experience we had in the course of our evolution.*"정도가 답이 되겠지. 이제 마지막 문단을 직독직해로 읽어 봐.

문단3 Vanilla's smell, for example, is liked by almost everyone.
바닐라 냄새는　　　　예를 들어　　　사랑 받아요. 거의 모두에 의해
It helps people feel calm and cozy. Peppermint and
이는 도와줘요. 사람들이　　느끼게 차분하고 아늑하게　　페퍼민트와
lemon, on the other hand, are known to sharpen our reasoning
레몬은　　　　반면에　　　알려져 있어요. 예리하게 만든다고　　우리의 이성과
and judgments. Bad smells tend to have the opposite effects.
판단을　　　　나쁜 냄새들은　　갖는 경향이 있어요　　　　반대 효과를
A study found that when people smell something disgusting
한 연구는 발견했어요　　　　사람들이 냄새를 맡으면　　　역겨운 무언가를
they tend to make harsher judgments. It seems that when it
그들은 경향이 있어요　　　　보다 가혹한 판단을 내리는　　이런 것 같아요
smells good it feels good.
뭔가 좋은 냄새가 나면　기분이 좋게 느껴지는

구체적인 냄새에 대해 설명하는 만큼 세부 내용 문제가 출제되기 딱 좋은 지문이야.

3. 윗글의 내용과 일치하는 것은?

   ⓐ 바닐라 향은 판단력을 예리하게 만든다.
   ⓑ 페퍼민트 향은 마음을 진정시킨다.
   ⓒ 아늑한 분위기를 조성하려면 레몬 향을 사용하는 것이 좋다
   ⓓ 나쁜 냄새는 더 예리한 판단력으로 이어진다.
   ⓔ 기분 좋은 향은 기분 좋은 느낌을 줄 수 있다.

정답은 ⓔ야. 마지막 문장을 그대로 담은 ⓔ만이 윗글의 내용과 일치해. 이제 지문 전체를 읽어 보고 문제를 풀어 볼 차례야. 소리 내어 읽고 뜻이 기억나지 않는 단어는 꼭 표시하는 거 알지.

We often tend to ignore the power of our sense of smell. Yet, surprisingly, our nose greatly influences the emotions related to our memories. Certain scents bring back pleasant feelings we felt in the past. A pine scent, for instance, usually reminds people of having camped under the shade of tall pine trees during their teens. Why is smell so closely linked with our memories?
One reason is that the part of the brain that processes smells interacts with the region that stores emotional memories. Therefore, a smell becomes linked with the particular experience, person, or time period. In some cases, we just have negative feelings about a smell and don't know why. Researchers believe that's probably because of the experiences we had in the course of our evolution.
Vanilla's smell, for example, is liked by almost everyone. It helps people feel calm and cozy. Peppermint and lemon, on the other hand, are known to sharpen our reasoning and judgments. Bad

smells tend to have the opposite effects. A study found that when people smell something disgusting, they tend to make harsher judgments. It seems that when it smells good, it feels good.

4. 윗글의 제목으로 가장 어울리는 것은?

ⓐ Why do we Tend to Ignore the Power of Smell?
ⓑ What Brings back a Pine Scent?
ⓒ Why do Smells Affect our Emotions and Memories?
ⓓ Which Area of the Brain is Linked with our Sense of Smell?
ⓔ What Kinds of Effects do Bad Smell have?

정답은 ⓒ야. 지문 전체 내용을 포괄하고 있는 선택지라서 정답이야. 윗글은 우리의 후각이 감정 기억을 처리하는 뇌의 영역과 상호작용한다고 주장해. 그래서 ⓒ가 가장 적절한 제목이야.

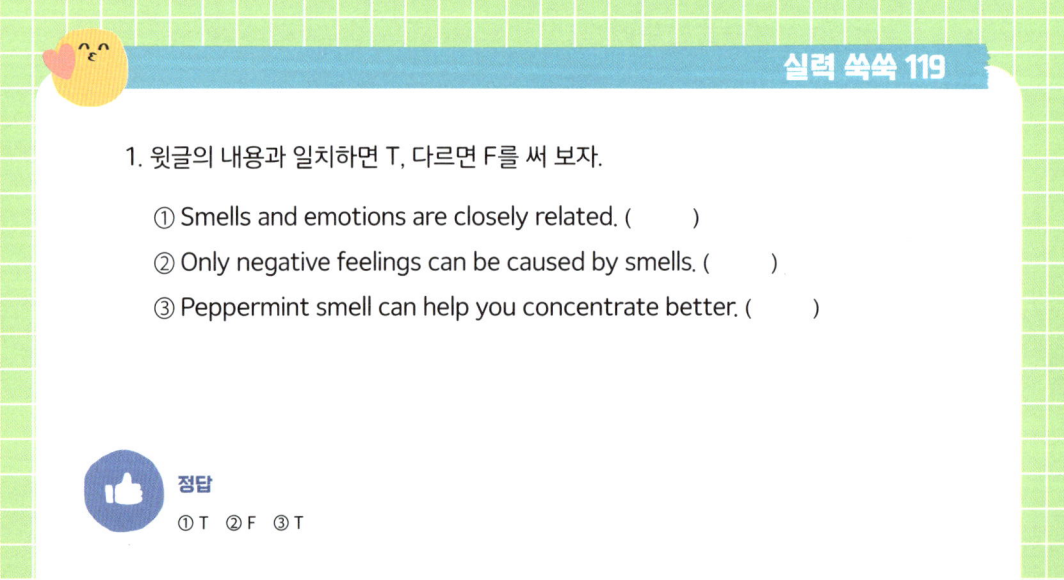

실력 쑥쑥 119

1. 윗글의 내용과 일치하면 T, 다르면 F를 써 보자.

① Smells and emotions are closely related. (   )
② Only negative feelings can be caused by smells. (   )
③ Peppermint smell can help you concentrate better. (   )

정답
① T ② F ③ T

태평양에 쓰레기 더미가 떠다닌다고?

태평양의 거대 쓰레기 섬 이야기

태평양에 엄청나게 큰 쓰레기 섬이 있다는 말 들어 봤어?
우리나라의 약 16배 크기나 된다고 해. 인간이 만든 최대 규모의 인공물인
이 쓰레기 더미의 문제점과 해결책에 대해 알아보자.

학습 키워드 #중학교어휘 #고등학교어휘 #22년교육과정어휘
교과 연계 　중학교 > 읽기

　　우리가 쓰고 버리는 플라스틱 병과 포장재는 어디로 갈까? 놀랍게도 그중 일부가 태평양 어딘가에 쓰레기 더미로 쌓인대. 우리가 누리는 편리함이 환경에 어떤 피해를 주는지 알아보자. 언제나 그랬듯이 먼저 영어 지문을 소리 내어 다 읽은 뒤 처음부터 직독직해하는 거다.

문단1 The Great Pacific Garbage Patch is a huge area in the
　　　태평양 거대 쓰레기 지대는　　　　　　　거대한 영역이예요
Pacific Ocean where a lot of trash and debris have accumu-
태평양에 있는　　　　　　그곳에는 많은 쓰레기와 파편들이　　　쌓여 있어요
lated. It is located between Hawaii and California and is also
　　　이것은 위치해 있어요　　　하와이와 캘리포니아 사이에　　　그리고 또한 알려져 있어요
known as the Pacific Trash Vortex. This patch of garbage
　　　　태평양 쓰레기 소용돌이로　　　　이 쓰레기 지대는
is formed by a combination of natural ocean currents and
형성되지요　　　결합에 의해　　　　자연적인 해류와
human activities. The garbage in the patch is mostly made up
인간 활동의　　　　이 지대에 있는 쓰레기는　　대부분 구성되어 있어요
of small plastic pieces called microplastics. They come from
　작은 플라스틱 조각들로　　　　미세플라스틱이라 불리는　　그것들은 와요

1. 윗글에서 답을 찾을 수 없는 질문은?

ⓐ What is the Great Pacific Garbage Patch?

ⓑ Where is the Great Pacific Garbage Patch?

ⓒ What is another name of the Great Pacific Garbage Patch?

ⓓ How can we get rid of the Great Pacific Garbage Patch?

ⓔ What is the Great Pacific Garbage Patch made up of?

정답은 ⓓ야. 도입부이기 때문에 태평양 거대 쓰레기 지대의 제거 방법은 언급되어 있지 않아. 나머지 질문들의 답을 보면 ⓐ는 첫 문장을 사용해서 "*It is a huge area in the Pacific Ocean where a lot of trash and debris have accumulated.*"라고 답하면 돼. ⓑ의 답은 "*It is located between Hawaii and California.*"야. ⓒ에는 "*It's the Pacific Trash Vortex.*"가 답이 되지. 마지막으로 ⓔ의 답은 "*It is mostly made up of small plastic pieces, called microplastics.*"야. 이제 문단2의 직독직해로 들어가 보자.

쓰레기 지대가 일으키는 문제들에 대해 설명하는 부분이야. 그럼 문단 2의 상세 내용 문제 풀어 볼까?

2. 윗글의 내용과 일치하는 것은?

ⓐ 이 쓰레기 지대는 미관상의 문제만 일으킨다.

ⓑ 이 쓰레기 지대는 육지 동물들의 환경을 파괴한다.

ⓒ 동물들은 실수로 이곳에 오래 머물 것이다.

ⓓ 이 쓰레기 지대 문제에 대한 신속한 대처가 필요하다.

ⓔ 물고기, 바다거북, 새 등의 해양 동물의 부상을 막을 수 있다.

이번에도 정답은 ⓓ야. 나머지 선택지들은 윗글에 사용된 단어를 포함하고 있지만 내용은 일치하지 않아. 반면 ⓓ는 지문의 마지막 문장과 같은 내용을 *paraphrasing*해서 담고 있지. 이제 마지막 문단을 직독직해로 읽자.

문단3 But there is hope. Several organizations and individu-
그러나 희망이 있어요　　　　　　　몇몇 단체들과 개인들이
als have taken on the challenge of ㉠ cleaning up the Great
이 도전에 맞서고 있어요　　　　　　청소하는
Pacific Garbage Patch and raising awareness on the impor-
태평양 거대 쓰레기 지대를　　　그리고 의식을 높이는　　중요성에 대해
tance of reducing plastic waste and proper disposal. With
플라스틱 쓰레기를 줄이고　　　제대로 처리하는 것의
the combined efforts of everyone, we can reduce the size of
모두의 합쳐진 노력이 있으면　　　우리는 줄일 수 있어요　　크기를
the Great Pacific Garbage Patch and preserve the ocean for
태평양 거대 쓰레기 지대의　　　　그리고 해양을 보존할 수 있어요
future generations.
미래 세대들을 위해

희망이 있다니 정말 다행이지? 언제나 도전이 있으면 응전이 있기 마련이야. 그럼 이 마지막 문단의 문제에 대응해 볼까?

3. 윗글의 ㉠ cleaning up과 품사가 다른 것은?

   ⓐ Individuals have committed to raising people's awareness.
   ⓑ Organizations stress the importance of reducing plastic waste.
   ⓒ Governments have also been working on the issue.
   ⓓ Our mission is preserving the ocean for future generations.
   ⓔ Combining efforts can lead to the solution to this problem.

    정답은 ⓒ야. ㉠ *cleaning up*의 품사는 전치사의 목적어 기능을 하는 동명사야. 동명사는 문장에서 주어, 목적어, 보어 역할을 한다고 앞에서 공부했지? 목적어에는 동사의 목적어와 전치사의 목적어가 있고, 영어에서 전치사 뒤에 올 수 있는 동사의 형태는 동명사밖에 없어. ⓒ를 제외한 나머지 선택지는 모두 주·목·보·역할을 하는 동명사야. ⓒ만 현재완료 진행형인데 형태는 동명사와 동일하지만 성질은 다른 현재분사야. 이제 지문 전체를 읽을 차례야. 소리 내어 읽고 뜻이 기억나지 않는 단어는 꼭 표시하는 거 알지?

The Great Pacific Garbage Patch is a huge area in the Pacific Ocean where a lot of trash and debris have accumulated. It is located between Hawaii and California and is also known as the Pacific Trash Vortex. This patch of garbage is formed by a combination of natural ocean currents and human activities. The garbage in the patch is mostly made up of small plastic pieces, called microplastic. They come from various sources, such as plastic bottles, bags, and other items that people use every day. This patch of garbage not only looks bad, but it also harms marine life and the environment. Marine animals such as fish, sea turtles, and birds can mistake the plastic for food and ingest it, which can cause injury or death. Moreover, the plastic trash in the patch will remain there for a long time, and the problem will only get worse if we don't act quickly.

But there is hope. Several organizations and individuals have taken on the challenge of cleaning up the Great Pacific Garbage Patch and raising awareness on the importance of reducing plastic waste and proper disposal. With the combined efforts of everyone, we can reduce the size of the Great Pacific Garbage Patch and preserve the ocean for future generations.

지문 전체에 관한 다음 문제를 잘 풀어 볼까?

4. 윗글을 쓴 목적으로 가장 적절한 것은?

ⓐ To explain why the Great Pacific Trash Patch is formed
ⓑ To show the importance of solving the Great Pacific Trash Patch
ⓒ To explain the damage caused by microplastics
ⓓ To measure how long the Great Pacific Trash Patch will remain
ⓔ To show how many marine animals get killed by it

정답은 ⓑ야. 주제는 지문 전체 내용을 담고 있어야 해. 그래서 태평양 거대 쓰레기 지대 문제를 해결하는 것이 중요하다는 내용을 담고 있는 ⓑ가 가장 적절한 답이야.

1. 윗글의 내용과 일치하면 T, 다르면 F를 써 보자.

　① This patch is formed by ocean currents and human activities. (　　　)
　② The plastic in the patch will remain there for a long time. (　　　)
　③ It's impossible to reduce the Great Pacific Garbage Patch. (　　　)

2. 윗글의 제목으로 가장 어울리는 것은?

　ⓐ 미세 플라스틱: 해양 생물에게 미치는 치명적인 영향
　ⓑ 태평양 쓰레기 소용돌이의 신비로운 지리적 위치
　ⓒ 태평양 거대 쓰레기 더미: 문제, 해악, 그리고 정화의 희망
　ⓓ 멈출 수 없는 전 세계 플라스틱 폐기물 배출 위기
　ⓔ 정부 주도 해양 청소 프로젝트의 성공 사례 분석

정답

1. ① T　② T　③ F　2. ⓒ

K-culture가 세계를
쥐락펴락한다고?

한국 문화의 세계적 인기

한류가 대세라는 말 들어 봤지?
한국 문화가 K문화라는 이름으로 전 세계에 퍼지고 있대.
정말 반갑고 자랑스러운 일이야!

학습 키워드 #중학교어휘 #고등학교어휘 #22년교육과정어휘
교과 연계 중학교 〉 읽기

　한국에서 왔다는 대답에 "북한? 남한?"이라고 되묻던 외국인도 이제는 자연스럽게 "안녕하세요!"라고 우리말로 인사를 건네는 경우가 늘고 있어. *K*문화의 힘이겠지. 한국을 세계에 알린 *K*문화에 대해 알아볼까? 먼저 전체를 큰 소리로 읽은 뒤 문장별로 직독직해해 보자.

문단1 Korean culture also known as K-culture, is a mix of
　　　　한국 문화는　　　　　　　K-문화라고도 알려진　　　　혼합이에요
traditions, art, and fun that people all over the world love.
　전통, 예술 그리고 재미의　　　　　　　전 세계 사람들이 사랑하는
From catchy music to tasty food and beautiful clothes,
기억하기 쉬운 음악에서부터　　　　　맛있는 음식과 아름다운 옷에 이르기까지
K-culture has something for everyone to enjoy. The Korean
K-문화는 가지고 있어요　　　누구나 즐길 수 있는　　　　　　　　한국
Wave, or Hallyu, makes K-pop music, TV shows, and movies
웨이브, 즉 한류는　　　만들어요　　　　K-팝 음악과 TV 쇼 그리고 영화를
globally popular. As a result, a growing number of tourists
세계적으로 유명하게　　　　그 결과　　　　　　점차 많은 수의 관광객들이　방문해요
visit the country to experience K-culture in person.
방문해요　　　이 나라를　　　경험하기 위해　　　　　K-문화를 직접

K문화를 소개하는 글의 도입부야. 읽은 내용에 한정해서 아래 세부 내용 문제를 풀어 보자.

1. 윗글의 내용과 일치하는 것은?

ⓐ K문화는 한국의 전통과 예술만의 혼합이다.
ⓑ K문화는 기억하기 쉬운 음악을 만든다.
ⓒ 세계적 인기를 누리는 K문화는 다양한 장르를 포함한다.
ⓓ K문화를 직접 경험하러 오는 관광객의 수는 제한적이다.
ⓔ 한류는 한국의 옷을 더 아름답게 만든다.

정답은 ⓒ야. ⓐ도 일치하는 내용 같지만 '재미' 부분이 빠져서 오답이야. 세부 내용 문제는 언제나 윗글의 내용과 정확히 맞아야 해. 이제 문단 2의 직독직해로 넘어가 볼까?

문단2 K-pop music which is loved by fans worldwide for its
K-팝 음악은 　　　　사랑 받는　　　　전 세계 팬들로부터　　　　　그것의
catchy tunes and cool dance moves is a big part of K-culture.
기억하기 쉬운　　곡과 멋진 춤 동작 때문에　　　　　　큰 부분이죠 K-문화의
Korean TV dramas are also a hit, thanks to their great stories
한국 TV 드라마 또한 인기 있어요　　　　　　그것들의 멋진 스토리와
and talented actors. Many Korean celebrities have mas-
재능 있는 배우들 덕분에　　　많은 한국 유명인사들은　　　갖고 있어요
sive international fanbase. Alongside all the entertainment,
거대한 국제적 팬층을　　　　　모든 예능과 함께
K-culture includes traditional practices like wearing hanbok,
K-문화는 포함해요　　　　전통적 풍습을　　　　한복 입어 보기와 같은
Korea's traditional clothing.
한국의 전통 의상인

K문화의 구체적 요소들을 설명하는 부분이네요. 이제 문단 2의 상세 내용 문제 풀어 주세요.

2. Choose the question that <u>cannot be answered</u> with the given text.

   ⓐ What are the two main components of K-culture?

   ⓑ Why are Korean TV dramas popular across the globe?

   ⓒ What aspect of tradition is contained in K-culture?

   ⓓ Who are the Korean celebrities with international fanbase?

   ⓔ Why is K-pop music loved by people around the world?

정답은 ⓓ야. 국제적 팬층을 가지고 있는 한국 유명인이 누구인지는 윗글에 언급되어 있지 않거든. 나머지 질문에 대한 답을 보면, *K*문화의 주요 요소 두 가지를 묻는 ⓐ에는 "*K-pop music and Korean TV dramas are the two main components of K-culture.*"라고 답하면 돼. ⓑ에는 "*Because of their great stories and talented actors.*"가 답이고, ⓒ는 "*Wearing hanbok.*"이라고 간단하게 답할 수 있어. 마지막으로 ⓔ에는 윗글의 첫 문장 전체가 답이야. 이제 마지막 문단을 직독직해할 차례야. 단어와 문장의 난이도를 조금 올려 봤어. 그동안 직독직해하면서 키운 실력을 발휘해 봐.

문단3 K-culture beautifully blends the old with the new,
K-문화는   아름답게 섞어요   옛것과 새것을
and continues to captivate audiences worldwide. It extends
그래서 계속해서 사로잡아요   전 세계의 관객들을   이것은 뻗어 나가죠
beyond borders inviting people from different ages and
국경을 넘어   사람들을 불러들이면서   서로 다른 나이와
backgrounds to experience and embrace the richness of
배경의   경험하고 포용하도록   풍요로움을
Korean heritage. This cultural wave has not only boosted the
한국 문화유산의   이러한 문화적 물결이   띄워주기만 한 것은 아닙니다
Korean entertainment industry but has also sparked a surge
한국 예능 사업을   이는 또한 촉발했어요
in interest in Korean language fashion and food. It ㉠ has also
관심의 급증을   한국어, 패션 그리고 한국 음식에 대한   이는 또한
made Korea one of the major cultural influencers.
만들었어요   한국을   주요 문화 인플루엔서 중의 하나로

*K*문화를 가진 국가의 국민으로서 자부심을 느끼게 하는 글이지? 문단 3에는 현재완료가 많이 등장하는 만큼 관련 문법 문제도 풀어 보면 좋을 것 같아.

3. 윗글의 ㉠의 현재 완료의 용법과 <u>다른</u> 것은?

ⓐ This cultural wave has boosted the Korean entertainment.
ⓑ The K-culture has sparked interest in the country.
ⓒ Many foreigners have seen Korean TV dramas.
ⓓ Wearing hanbok has become popular among tourists.
ⓔ K-pop music has secured massive international fanbase.

정답은 ⓒ야. ㉠의 *has made*는 현재완료의 결과적 용법이지. 현재완료의 4가지 용법, 기억나? 확실히 기억나지 않으면 해당 부분을 복습하면 돼. 나머지 선택지들도 결과적 용법이고, ⓒ만 경험적 용법이어서 정답이지. 경험적 용법은 보통 *once, twice, before, never*와 같은 힌트어를 보고 찾으면 돼. 그러나 ⓒ처럼 그런 힌트가 없어도 '~해 본 적 있다'로 해석되면 이 역시 현재완료의 경험적 용법이야. 이제 지문 전체를 소리 내어 읽고 뜻이 기억나지 않는 단어는 꼭 표시하는 거 알지?

Korean culture, also known as K-culture, is a mix of traditions, art, and fun that people all over the world love. From catchy music to tasty food and beautiful clothes, K-culture has something for everyone to enjoy. The Korean Wave, or Hallyu, makes K-pop music, TV shows, and movies globally popular. As a result, a growing number of tourists visit the country to experience K-culture in person.

K-pop music which is loved by fans worldwide for its catchy tunes and cool dance moves is a big part of K-culture. Korean TV dramas are also a hit, thanks to their great stories and talented actors. Many Korean celebrities have massive international fanbase. Alongside all the entertainment, K-culture includes traditional practices like wearing hanbok, Korea's traditional clothing.

K-culture beautifully blends the old with the new, and continues to captivate audiences worldwide. It extends beyond borders, inviting people from different ages and backgrounds to experience and embrace the richness of Korean heritage. This cultural wave has not only boosted the Korean entertainment industry but has also sparked a surge in interest in Korean language, fashion, and food. It has also made Korea one of the major cultural influencers.

지문 전체에 관한 아래 문제를 잘 풀어 보자.

4. 윗글의 제목으로 가장 어울리는 것은?

ⓐ The Beautiful Traditional Clothing, Hanbok
ⓑ The International Fanbase of Korean TV Dramas
ⓒ The Popularity of K-pop Music around the World
ⓓ K-culture and its Popularity across the Globe
ⓔ The Increase in Tourism to Korea

정답은 ⓓ야. 글 전체의 내용을 포괄하기에 제목으로 가장 적합하거든. 여기까지가 직독직해를 통한 독해 훈련이야. 복습으로 4부 독해 지문들을 큰 소리로 읽으며 직독직해하면 어휘와 독해 실력 향상에 큰 도움이 될 거야. 다음 장에서는 너희가 학교 시험에서 만나게 될 서술형 문제를 풀어 볼 거야. 더해서 영어 말하기와 쓰기 수행평가를 위한 연습도 만날 거야.

실력 쑥쑥 119

1. 윗글의 내용과 일치하면 T, 다르면 F를 써 보자.

① Hallyu makes K-pop, dramas, and movies globally popular. (   )
② Fans worldwide love the serious tune of K-pop music. (   )
③ K-culture is harmony of tradition and modernity. (   )

정답
1. T   2. F   3. T

236

통역사 샤론 최,
영어로 다리를 놓는 사람

영화 〈기생충〉이 아카데미 시상식을 휩쓸었을 때, 봉준호 감독의 '언어 아바타'로 불리며 완벽한 통역을 선보였던 샤론 최. 그녀의 뛰어난 통역 실력은 어떻게 완성되었을까?

Sharon Choi Unveiled: The Interpreter's Untold Story

샤론 최는 최성재의 영어 예명이야. 그녀가 봉준호 감독을 통역한 유튜브 동영상은 100만 뷰를 훌쩍 넘길 정도로 큰 화제가 되었어. 재미있는 건 감독으로부터 '완벽하다'라는 칭찬을 받을 정도의 수준 높은 통역을 한 샤론 최가 전문 통역사가 아니라는 점이야. 대중에게는 통역사로 알려져 있지만 그녀는 전문적으로 통역을 공부해 본 적이 없다고 해. 그녀는 영화감독을 지망하는 1993년생 영화학도거든.

〈더 알고 싶어119〉의 참고 동영상을 보면 샤론 최가 한국식 유머는 물론 미세한 뉘앙스까지 살려 통역하는 것을 볼 수 있어. 그녀는 어떻게 그런 영어 실력을 키울 수 있었을까?

샤론 최는 재미교포가 아니야. 어렸을 때 미국에 잠시 체류한 적은 있지만, 초등학교, 중학교, 고등학교 다 한국에서 다녔어. 용인에 있는 한국외국어대학교 부설고등학교를 졸업하고, 미국 서던 캘리포니아 대학교(USC)에서 영화예술 미디어학을 전공했지. 이중언어를 구사하는 영화학도라는 점 덕분에 그녀는 자신의 전문 분야에서 세상의 이목을 빨리 끌 수 있었어. 봉준호 감독과의 첫 만남은 봉준호 감독이 영화 〈기생충〉을 칸 영화제에 출품하기 위해 서울에서 준비 작업을 할 때였대. 외국 매체들과 전화 인터뷰를 할 때 빠르고 정확한 어휘로 통역하던 최성재 씨가 봉준호 감독의 눈에 띈 거지. 봉준호 감독은 해당 전화 인터뷰가 끝나자마자 한국 배급사 직원을 통해 최성재 씨에게 먼저 연락했다고 해.

사실 최성재 씨는 학생 시절에도 봉준호 감독에 대한 글을 수업 자료로 준비했을 정도로 감독의 열성 팬이었어. 그래서 통역 제의를 받았을 때 엄청난 영광으로 여겼다고 해. 최성재 씨는 뛰어난 영어 실력 덕분에 자신의 전문 분야의 거장을 일찍 만날 수 있었던 거야.

How to Become Fluent in English?

아카데미 시상식에서 멋진 통역으로 유명해진 최성재 씨는 영어 공부에 관한 많은 질문을 받았어. TV 예능 프로그램 〈유 퀴즈 온 더 블록〉에 출연해서 영어 공부 방법을 소개하기도 했는데, 어떤 방법이었을까? 그 방송에서 그녀는 다음 세 가지 방법이 영어 실력 향상에 도움이 되었다고 말했어.

첫 번째 방법은 '많이 듣고 많이 말해 보는 것'이야. 그녀는 "내가 틀린 걸 알아도 그냥 내뱉어야 한다."고 말했어. 발음이나 문법이 틀릴까 두려워 머뭇거리는 대다수의 한국인에게 이런 '과감한' 자세는 매우 도움이 될 거야. 특히 말하기 실력을 키우려면 말해 보는 것이 최고의 방법이기 때문이지. 실수를 너무 의식하면 다음 말을 할 수 없기 때문에 틀려도 '직진'해야 영어 말하기가 늘게 돼.

두 번째 방법은 '덕질하는 것'이야. 즉 자신이 좋아하는 것을 영어로 읽다 보면 '덕질'과 영어 공부를 동시에 할 수 있어. 이 또한 좋은 방법이지. 내용에 몰입할 때 영어가 가장 빠르게 늘기 때문이야. 따라서 관심 있는 분야에 관련된 책이나 동영상을 영어로 접한다면 재미도 얻고 영어 실력도 키우는 '일석이조' 효과를 누릴 수 있을 거야.

마지막 방법은 '영어를 일상적인 습관으로 만들기'야. 영어가 공부가 아니라 습관이 될 때 실력이 꾸준히 늘기 때문이지. 습관처럼 매일 하려면 재미가 있어야겠지? 따라서 좋아하는 내용을 좋아하는 매체로 매일 조금씩 영어로 접해 보자. 책도 좋고 유튜브도 괜찮아. 읽거나 본 내용을 영어로 조금씩 적어 보는 것도 좋은 방법이야. 아니면 일기에 영어로 짧게 몇 문장을 추가하는 것도 영어를 생활화하는 한 방법이 될 수 있어. 이렇게 하면 영어가 일상의 일부가 될 거야. 그러다 보면 어느덧 너희도 샤론 최처럼 영어를 능숙하게 할 수 있겠지?

더 알고 싶어 119

 도서 ▷ 영상 🔍 사이트

📖 세계일보 기사: '봉준호 언어의 아바타' 샤론 최의 통역에 대한 현직 교수의 조언

▷ 샤론 최가 봉준호 감독을 통역한 동영상

5부

쓰기와 말하기
이젠 두렵지 않다

쓰기와 발표 완전 정복

서술형 문제,
이렇게 생겼어요

현재완료, 비교급, 분사구문

시험에 단골로 등장하는 현재완료와 분사구문을 서술형 문제로 풀면서 확실하게 다져 보자.
만만하다고 느껴지는 비교급도 영어 문장을 써야 하는 서술형 문제로는 까다로울 거야.

학습 키워드 #중학교문법 #현재완료 #비교급 #분사구문
교과 연계 중1, 2, 3 > 주요 문법 서술형 문제

영어 시험을 볼 때 어렵게 느껴지는 서술형 문제를 연습해 보자. 시험에는 주요 문법 포인트를 영어 문장으로 작성하는 문제들이 주로 출제돼. 그래서 영작 실력과 문법 실력을 함께 길러야 하지. 앞에서 배운 문법 내용을 시험에 자주 등장하는 서술형 문제 유형을 통해 복습해 볼까?

현재완료

서술형1 Put in the correct forms of the verbs.

① Have you ever _____ to London? (be)

② Nina _____ a lovely black dress at the party yesterday. (wear)

③ I have never _____ in a helicopter. (fly)

④ Have you ever _____ a bike? (ride)

⑤ Somebody _____ my watch last night. (steal)

현재완료와 과거를 구분하는 문제야. 과거에 시작된 일이 현재에 영향을 주고 있어야 현재완료를 쓸 수 있지. ①은 현재완료의 경험적 용법이지. 힌트어 *ever*도 있으니까 '*been*'이라고 써야 해. "너는 런던에 가 본 적 있니?"라는 뜻이지. ②는 *yesterday*라는 명확한 과거 부사가 있어서 단순 과거인 *wore*를 써야 해. "니나는 어제 파티에 사랑스러운 검정색 원피스를 입었다."라는 뜻이야. ③도 역시 *never* 덕분에 쉽게 현재완료의 경험적 용법이라는 걸 알 수 있어. *flown*이 답이지. "나는 헬리콥터를 타 본 적이 한 번도 없다.'라는 뜻이야. ④도 현재완료 경험의 힌트어 *ever*가 있어서 *ridden*이 답이고 뜻은 "당신은 자전거를 타 본 적 있나요?"야. ⑤는 과거 시점을 나타내는 *last night* 덕분에 단순 과거라는 걸 알 수 있어. 답은 *stole*이고 의미는 "누군가 어젯밤에 내 시계를 훔쳐 갔다."야.

서술형2 주어진 두 문장을 한 문장으로 바꿔 써 보자.

- David began learning Chinese when he was ten years old.
- He is still learning the language.

➔ David _____

답은 "*David has been learning Chinese since he was ten years old.*"야. 중국어를 배우기 시작한 것은 과거이고 현재에도 계속 배우는 중이기 때문에 현재완료의 계속적 용법을 써야 해. 계속적 용법에서 기간을 나타낼 때는 '*for*+기간', 지금처럼 시작한 시점을 나타낼 때는 '*since*+시점'을 쓰면 돼.

서술형3 그는 Harry Potter를 여러 번 읽어 본 적이 있다.

= _____ _____ _____ _____ _____ several times.

(현재완료 구문 이용 / 5단어 사용)

답은 *He has read Harry Potter* 경험의 횟수를 나타내는 *once, twice,* *~times* 등의 부사어가 있으면 현재완료의 경험적 용법이야.

비교급

서술형4 〈조건〉을 참고하여 우리말 해석에 맞게 영작하시오.

〈조건〉 1) '비교급'을 반드시 사용하시오.

2) 주어와 동사가 있는 완벽한 문장으로 답하시오.

3) 시제와 수를 일치시키시오.

그는 China보다 Singapore에서 훨씬 더 많은 시간을 보냈다.

➔ _____ .

조건에 맞게 영작하는 문제도 출제되고 있어. 답은 "*He spent much more time in Singapore than in China.*"야. '훨씬'은 비교급 앞에 강조 부사 5형제 '*much, a lot, still, even, far*' 중에서 하나를 쓰면 돼.

서술형5 〈보기〉를 참고하여 문장을 완성하시오.

〈보기〉 가장 맛있었던 음식 – Bibimpab

➔ Bibimpab is the most delicious food I've ever eaten.

가장 아름다운 섬 – Jeju (현재완료 사용)

➔ _____ .

최상급과 현재완료를 활용해서 영작하는 문제야. 답은 *"Jeju is the most beautiful island (that) I've ever been to/visited."*야.

분사구문

접속사절은 주절과 시제도 주어도 같기 때문에 답은 *Having no time*이야.

7번은 주절과 주어가 다른 독립 분사구문을 접속사절로 바꾸는 문제야. 이때 문맥에 맞는 접속사를 잘 골라 써야 하지. 해석하면, '비가 심하게 와서 우리는 온종일 집에 있어야 했다.'이기 때문에 '이유'를 나타내는 *because, since, as* 중에서 하나를 사용하면 돼. 단순 분사구문이니까 주절과 시제가 같다는 점을 알 수 있지. 따라서 답은 "*As it rained heavily, we had to stay home all day long.*"이야. 8번은 접속사절을 분사구문으로 바꾸는 문제지. 단, 접속사절의 시제는 과거이고 주절의 시제는 현재이기 때문에 완료 분사구문으로 만들어야 해. 이에 맞는 답은 "*Having been made in a hurry, the item sells well.*"이야. 여기서 수동태 분사구문에 들어가는 *having been*은 생략할 수 있어.

1. 다음 문장들을 괄호 안의 지시에 맞게 영작해 보자.

① 바람 소리가 무서워서 그들은 잠을 자지 못했다. (afraid, 분사구문)

_____

② 마틴은 부모님이 돌아가신 이후로 이모와 함께 살고 있다. (Martin, 현재완료)

_____

③ 그는 가장 인기 있는 한국 유명인사 중 한 명이다. (celebrity 변형 가능)

_____

정답

① (Being) afraid of the sound of wind, they could not sleep.

② Martin has lived with his aunt since his parents died.

③ He is one of the most popular Korean celebrities.

직접 써 보자!
서술형 훈련 1

to 부정사와 동명사

가깝고도 먼 사이인 to 부정사와 동명사를 서술형 문제로 만나 보자.
동사에서 출발해 명사처럼 기능한다는 점에서 둘의 사이는 매우 가까워.
하지만 타동사 뒤에서는 목적어 자리를 차지하려고 서로 다투는 사이야.

학습 키워드	#중학교문법 #to부정사 #동명사
교과 연계	중2 > 문법 서술형 문제

　　to 부정사는 중학교와 고등학교 영어 시험에서 단골로 출제되는 문제야. *to* 부정사의 다양한 용법을 잘 이해하고 있다면 영어 시험에 대한 부담이 크게 줄어들 거야.

to 부정사

서술형1~3 다음 우리말을 조건에 맞게 영작하시오. (to 부정사 사용)

1. 그는 그 과제를 혼자서 하기로 결심했다.

→ He _____

2. 그가 그 과제를 혼자서 하는 것은 불가능하다. (it, for 사용)

→ It _____

1~3번은 *to* 부정사의 명사적 용법을 응용한 문제들이야. 1번의 답은 "*He decided to do the task/assignment alone.*"이지. 이 문장에서 *to do* 는 목적어 역할을 하는 명사적 용법이야. 앞에서 *to* 부정사가 주, 목, 보 자리에 오면 명사처럼 기능하는 명사적 용법이라고 배웠어. 2번의 답은 "*It is impossible for him to do the task alone.*"이야. 이 문장에서도 *to do* 는 명사적 용법이란다. 가주어 *it* 뒤에 오는 진주어 역할을 하고 있기 때 문이지. 이 문장에는 놀랍게도 '주어'가 3개나 등장해. 가주어 *it*, 진주어 *to do~*, 그리고 *to* 부정사의 의미상의 주어 *for him*. 3번의 답은 "*He finds it impossible to do the task alone.*"이야. 여기서 *to do*는 진목적어 역할 을 하고 있어서 역시 명사적 용법이지. 의미상의 주어인 *for him*이 사라 진 이유는 문장의 주어인 *he*가 *to do*의 의미상의 주어와 같기 때문이야.

서술형4 우리말에 어울리도록 주어진 단어를 모두 사용하되 필요하면 단어의 형태를 바꾸시오.

그녀는 돌보아야 할 아이들이 셋 있다. (to, of, three, child, take, care, have)

→ She _____

서술형5 우리말에 어울리도록 주어진 단어를 배열하시오.

너는 너를 도와 줄 똑똑한 친구를 많이 갖고 있니?

(smart, you, many, help, have, friend, you, to)

→ _____

4와 6번은 *to* 부정사의 형용사적 용법에 관한 문제야. 4번의 답은 "*She has three children to take care of.*"야. 단어의 형태를 바꾸라고 지시한 경우는 주어의 수에 맞게 동사의 형태를 변형해서 써야 해. 그래서 *have*가 아닌 *has*가 답이지. 그리고 3명이니까 *child*도 복수인 *children*으로 변형해야 감점을 피할 수 있어. 5번은 의문문이라 필요한 조동사까지 추가해야 해서 까다로운 문제야. 답은 "*Do you have many smart friends to help you?*"로 *many*가 있으니까 복수 *friends*를 써야 완벽한 답이 되지. 6번의 답은 *to sit on*이야. 동사에 어울리는 전치사까지 챙겨야 하는 *to* 부정사의 형용사적 용법 문제였어.

to 부정사는 카멜레온처럼 여러 품사로 변신할 수 있어서 서술형 문제에 자주 나오곤 해. 7번의 답은 "*Elsa locked the door so as not to be disturbed by them.*"야. 문장의 뒷부분을 수동태로 바꿔야 하는 난이도가 높은 to 부정사의 서술형 문제지.

8~10번은 to 부정사의 부사적 용법을 적용하는 문제들이야. 8번은 to 부정사의 부사적 용법 중 목적에 해당하고 답은 "*I need a cell-phone to call my friends.*"이지. 9번의 답은 "*The teacher was happy to see the students play on the playground.*"이고 부사적 용법 중 감정의 원인이야. 10번의 답은 "*The man must be a good person to help the old lady.*"이며 부사적 용법 중 판단의 근거야.

동명사

동명사도 to 부정사의 명사적 용법처럼 주, 목, 보 자리에 올 수 있는 동사 출신 품사야. 재밌게도 주어와 보어 자리에 올 때는 to 부정사와 사이 좋은 오누이 같아. 둘 중 누가 와도 괜찮고 의미도 같거든. 그러나 동사의 목적어 자리를 놓고서는 서로 다투기도 해. 어떤 동사는 오로지 to 부정사만, 어떤 동사는 동명사만 원하기 때문이야.

서술형12 주어진 동사를 사용하여 우리말에 맞는 문장을 영작하시오.

stop: (그는 12살에 피아노 치기를 중단하였다.)

→ _____

11번 답은 "*He enjoys cooking birthday cakes for his children.*" 이야. *enjoy*는 동명사만을 목적어로 받는 동사거든. 12번의 답은 "*He stopped playing the piano when he was 12 years old.*"이지. *enjoy*와 달리 *stop*은 동명사와 *to* 부정사 둘 다 목적어로 받을 수 있어. 그러나 이 예문처럼 '~하던 것을 중단하다.'의 의미인 경우 동명사를 써야 해.

실력 쑥쑥 119

1. 다음 〈보기〉에 주어진 단어를 알맞은 형태로 변형하여 문장을 완성해 보자.

〈보기〉	ride	stay	send

① Don't forget _____ me a postcard when you arrive there.
② I enjoy _____ a bike whenever I want to exercise.
③ I don't mind _____ home because it's too hot outside.

정답

① to send ② riding ③ staying

직접 써 보자!
서술형 훈련 2

관계대명사의 서술형 문제 풀이

영어 시험에 서술형 문제로 가장 자주 등장하는 문법 항목 중 하나인
관계대명사를 다양한 문제 유형으로 익혀 보자.

학습 키워드 #중학교문법 #관계대명사기본 #관계대명사종합
교과 연계 중2, 3 〉관계대명사의 서술형 문제

주관식 서술형 문제는 문법 실력과 *writing* 실력을 동시에 갖춰야 풀수 있어. 관계대명사를 담고 있는 서술형 문제는 시험에 자주 출제되니까 확실하게 익혀 둘 필요가 있지. 이번 문제를 풀다 보면 2부에서 공부한 관계대명사 부분도 자연스럽게 복습될 거야.

관계대명사 기본

서술형1 〈보기〉와 같이 다음 두 문장을 연결하여 한 문장으로 만드시오.

〈보기〉 (He is the boy.) + (I met him yesterday)
→ He is the boy whom I met yesterday.

(This is the car.) + (I bought it yesterday.)

→ _____

답은 "*This is the car which/that I bought yesterday.*"야. 괄호 안 두 문장의 공통 단어인 *car*를 선행사로 놓고 사물인 *car*라는 선행사에 어울리는 *which*나 *that*을 넣어서 관계문을 만들지. 여기서 조심해야 할 포인트! 목적격 관계대명사를 넣어 한 문장으로 만들 때는 관계대명사절 문장에서 목적어였던 단어를 꼭 지워야 해. 즉 "*This is the car which/that I bought it yesterday.*"라고 쓰면 안 돼. 관계대명사 *which*가 대명사 *it*을 대신하니까 *it*은 꼭 지워야 해.

서술형2 다음 두 문장을 관계대명사를 사용해 가장 자연스러운 한 문장으로 만드시오.

- The building is near the Han River.
- Its top floor offers a beautiful view.

➔ _____

답은 "*The building whose top floor offers a beautiful view is near the Han River.*"야. 앞 문장의 *the building*을 뒷 문장의 *its*가 소유격으로 받아주기 때문에 소유격 관계대명사 *whose*를 넣어서 문장을 만들지. 물론 선행사가 사물이어서 *whose top floor*를 대신해서 *of which the top floor* 또는 *the top floor of which*라고 써도 돼.

서술형3 주어진 문장을 나누어 빈칸에 각각의 완전한 문장으로 써 보자.

_____ + _____

➔ The woman whom I saw in the park was singing.

3번은 앞의 두 문제와 형식이 반대야. 즉 목적격 관계대명사절이 있는 하나의 문장을 두 개의 문장으로 분리하는 문제지. 답은 "*The woman was singing. I saw her in the park.*"야. 만약 앞의 두 문제처럼 관계대명사를 넣어서 한 문장으로 만들라고 했으면 더 어려운 문제가 되었겠지? 이 문장처럼 선행사가 주절의 주어인 경우 주어 바로 뒤에 관계대명사절을 배치해야 해. 예를 들어 "*The woman was signing whom I saw in the park.*"라고 하면 문장이 어색해지니까 조심해야겠지?

관계대명사 종합

 서술형4 내 가족은 중국으로 갈 것이다. 그 나라는 다양한 길거리 음식을 가지고 있다.

- 관계대명사 which를 넣어 13단어로 영작할 것
- variety, street을 사용할 것

→ _____

답은 "*My family will go to China which has a variety of street foods.*"야. 사용해야 할 일부 단어와 총 단어 수를 제시하는 서술형 문제도 시험에 많이 나오는 문제야. 만능 관계대명사 *that*을 써도 되지만 지시문이 요구하는 대로 답을 작성해야 감점되지 않아.

 서술형5 두 문장이 같은 뜻이 되도록 빈칸에 알맞은 말을 써 보자.

The boy is Jungguk. He is dancing on the stage.

→ _____

답은 "*The boy (who/that is) dancing on the stage is Jungguk.*"이야. 선행사 *boy*가 사람이어서 *who*를 써야 하는데 만능 관계대명사 *that*을 써도 괜찮아. 관계대명사 뒤에 '*be* 동사+분사'가 오기 때문에 괄호 안의 주격 관계대명사와 *be* 동사 부분을 생략할 수 있지. 총 단어 수가 제시되지 않는 경우에는 "*The boy dancing on the stage is Jungguk.*"이라고 답해도 돼.

*A*는 "*I have a friend to whom I can talk everything.*"이 답이야. 목적격 관계대명사 앞에 전치사 *to*가 있어서 *whom*만 쓸 수 있지. 전치사는 강한 힘으로 목적격을 요구하기 때문에 꼭 *whom*을 써야 해. *B*의 답은 "*I have a friend* (*whom/who/that*) *I can talk everything to.*"야. 전치사 *to*가 문장 맨 뒤로 이동하면 관계대명사는 전치사의 압박에서 풀려나거든. 그래서 이 세 가지 목적격 관계대명사 중 어떤 것을 써도 돼. 심지어 목적격 관계대명사를 아예 생략해도 돼. 관계대명사가 전치사에서 해방되면 4가지 선택지를 누리게 되지!

답은 "*What I lost is made of gold.*"야. 금도끼와 은도끼 이야기의 일부인 것 같지? 관계대명사 *what*은 별종이어서 별도의 선행사가 필요 없어.

답은 〈보기〉의 단어를 모두 사용해서 "*I liked most about this trip was that I could spend*"야. 영작 실력이 필요한 서술형 문제지.

1. 관계대명사를 사용해서 두 문장을 한 문장으로 만들어 보자.

   ① Look at the people. The people are dancing on the street.

   ➜ _____

   ② An elephant is in that zoo. It can do many tricks.

   ➜ _____

   정답

   ① Look at the people (who/that are) dancing on the street

   ② An elephant which/that can do many tricks is in that zoo

직접 써 보자!
서술형 훈련 3

수동태&가정법 서술형 훈련

수동태와 가정법 문제까지 척척 풀면 영어 문법도 완성이야!
얼핏 보기에는 까다롭지만 자세히 보면 규칙대로 움직이는 차가운 매력의
수동태와 가정법을 서술형 문제로 만나 보자!

학습 키워드 #중학교문법 #수동태 #가정법
교과 연계   중2, 3 〉 주요 문법 서술형 문제

주어가 동사를 행하는 주체이면 능동태 문장이고 주어가 동사의 대상이면 수동태 문장이야. 수동태도 서술형 문제로 출제되는 경우가 많아. 기본 규칙만 잘 지킨다면 수동태의 서술형 문제도 거뜬하게 풀 수 있을 거야.

수동태

서술형1 〈보기〉와 같이 문장을 바꿔 써 보자.

〈보기〉 Alice broke the window.
→ The window was broken by Alice.

Research scientists will discover a cure for AIDS someday.

→ _____

답은 "*A cure for AIDS will be discovered by research scientists someday.*"야. 능동태를 수동태로 전환하는 기본적인 문제이지. 능동태의 목적어는 수동태의 주어가 되고, 능동태의 미래 시제는 수동태에서도 미래시제로 유지되니까 *will be discovered*가 되는 거지. 능동태의 주어는 수동태에서는 행위자가 되어 *by* 뒤에 와.

서술형2 우리말에 맞도록 괄호 안의 표현을 활용하여 문장을 완성하시오.
(필요 시 형태 변형 혹은 단어 추가 가능)

아이들은 배고픔과 위험으로부터 보호되어야만 한다.

(and, children, danger, from, hunger, must, protect)

➔ _____

답은 "*Children should be protected from hunger and danger.*"야. 이렇게 *should*와 같은 조동사가 있는 수동태는 '조동사+*be*+*p.p.*' 형태가 돼.

서술형3 다음 두 문장이 같은 뜻이 되도록 빈칸에 알맞은 단어를 써 보자.

The solar cell was invented by three American scientists.

➔ Three American scientists _____ the solar cell.

답은 *invented*이야. 수동태 문장을 능동태로 전환하는 문제지. 수동태의 시제가 과거라서 능동태로 전환되어도 과거 시제를 유지해야 해. 수동 능동 변환 규칙, 구호로 정리해 볼까? 시제와 조동사는 그대로 유지하자! 주어의 단수 복수에 맞게 동사를 써 주자!

서술형4 다음 문장을 수동태로 올바르게 고쳐 써 보자.

A brave firefighter put out the fire.

→ _____

답은 "*The fire was put out by a brave firefighter.*"야. 능동태 문장의 주어가 3인칭 단수임에도 *put* 뒤에 *s*가 없어. 그래서 시제는 과거인 거지. 수동태도 과거 시제로 작성해야 해! 또 *put out*처럼 2어 동사를 수동태로 전환할 때는 전치사까지 꼭 챙겨야 해.

서술형5 다음 세 문장의 의미가 같아지도록 빈칸에 알맞은 표현을 넣어 문장을 완성하시오.

We gave Mr. Kim the information.

→ Mr. Kim _____ the information (by us).

→ The information _____ Mr. Kim (by us).

답은 *was given*과 *was given to*이야. 4형식 문장은 일반적으로 2가지 형태의 수동태 문장을 만들 수 있어. 단, 두 번째처럼 직접 목적어인 *the information*이 주어가 되면 간접 목적어인 *Mr. Kim* 앞에 전치사 *to*를 추가해야 하지.

서술형6 다음 두 문장을 〈보기〉와 같은 형식으로 바꾸시오.

〈보기〉 The doctor made her take a rest.
→ She was made to take a rest by the doctor.

She made me give her the real diamond necklace.

→ I _____ the real diamond necklace (by her).

답은 *I was made to give her*야. 사역동사 *make*가 본동사인 이 문제처럼 사역동사나 지각동사가 본동사인 문장을 수동태로 전환할 때는 주의할 점이 있어. 지각동사와 사역동사 때문에 동사 원형이었던 목적격 보어가 수동태에서는 *to* 부정사로 바뀐다는 거야.

가정법

인간은 현재나 과거의 사실과 반대되는 상황을 가정할 수 있어. 그런 면에서 가정법은 인간이 누릴 수 있는 고유의 시제인 셈이지. 가정법의 기본 규칙만 잘 이해하면 서술형 문제도 척척 풀 수 있어.

> **서술형7** 다음 두 문장의 의미가 같아지도록 가정법을 이용하여 빈칸을 완성하시오. (한 칸에 한 단어씩 쓸 것)
>
> I don't have time so I won't join you.
>
> ➜ If _____ _____ time, I _____ _____ _____

답은 *I had, would join you.*야. 현재의 반대를 가정하려면 가정법 과거를 써야 하지. 기억나니? '과거로 쓰고 과거라 부르지 말라.'는 홍길동의 슬픔을 담은 가정법 과거!

> **서술형8** 다음 문장을 우리말에 맞게 가정법으로 표현하시오.
>
> A. 모두가 큰 소리로 이야기하지 않았다면, 우리가 발표를 들을 수 있었을 텐데.
>
> ➜ If _____
>
> B. 내가 어제 길에 쓰레기를 버리지 않았다면, 지금 벌금을 내고 있지 않을 텐데.
>
> ➜ If _____

A의 답은 "*If everyone had not talked loudly, we could have listened to the presentation.*"이야. 과거에 벌어진 일의 반대 상황을 가정하려면 한 시제 더 과거로 가서 과거완료를 써야 해. B의 답은 "*If I had not thrown away garbage on the street yesterday, I would not be paying the fine now.*"야. 가정법 과거와 과거완료가 함께 섞인 혼합 가정법이지. 과거에 일어난 일의 반대는 과거완료로, 현재의 반대 상황은 과거로 가정한다는 기본 원칙이 그대로 적용된 거야.

서술형9 주어진 상황에서 자신의 소망을 나타내는 말을 완성하시오.

You are on your way to school. Then, suddenly, it starts to rain, but you don't have an umbrella.

➜ I wish _____ _____ an umbrella.

답은 *I had*야. *if* 대신 *I wish*를 썼을 뿐 가정법의 기본 원칙은 그대로야. 현재의 반대 상황을 가정하기 때문에 *I wish* 뒤에 과거 시제를 써야 해.

서술형10 as if를 넣어 다음 문장을 완성하시오.

She talks _____

(그녀는 마치 모든 것을 알고 있는 것처럼 말한다.)

답은 *as if she knew everything.*이야. 사실은 모르면서 마치 아는 것처럼 말하는 상황을 나타내는 *as if* 뒤에도 가정법의 규칙은 그대로야. 수동태나 가정법은 얼핏 보면 제멋대로인 것 같지만 자세히 보면 준법정신이 투철한 모범 문제란다.

1. 다음 문장을 뜻이 같게 바꿔 써 보자.

① They must keep this secret forever.

→ This secret _____

② The Cia-Cia tribe will write their traditional stories in Hangul.

→ Their traditional stories _____

③ I didn't have time, so I couldn't practice dancing. (3점)

→ If _____

정답

① must be kept by them forever

② will be written in Hangul by the Cia-Cia tribe

③ had had time, I could have practiced dancing

수행평가 Summary 발표 연습 1

미국의 비만 문제

영어 말하기 수행평가를 영어 발표로 하는 학교가 많다.
영어 독해 지문을 요약해서 영어로 발표하는 형식도 수행평가에 자주 등장하지.
이번에는 4부에서 배운 독해 지문을 바탕으로 영어 말하기 수행평가 연습을 해 보자.

학습 키워드 #중학교어휘 #고등학교어휘 #22년교육과정어휘
교과 연계   중학교 〉 쓰기

일단 4부 독해 파트에서 공부한 '비만(*obesity*)'에 관한 지문을 다시
한번 큰 소리로 읽어 보자.

> Sometimes, we compare ourselves to the models and actresses
> we see on TV. They all look so slender that we think that we have
> to lose weight to be like them. However, in most cases, celebrities
> are often too thin to be healthy. They give us a wrong image of
> what a healthy person should look like. This makes people follow
> extreme diets and exercise programs.
> On the other hand, we also see many more heavy people than
> ever before. In the U.S., for example, one out of every three
> people is now considered to be obese. The country has the

highest obesity rate in the world. Every year, more than 100,000 Americans die of diseases caused by their extreme weight. The most common causes of obesity are excessive food intake, lack of physical activity, and genetic factors.

Doctors are worried because of the increasing obesity rates not only in adults but also in children. The American government considers this the most serious public health problem of the 21st century. In ancient times, fat people were respected as symbol of wealth. However, nowadays, when most people are trying to look more slender, obesity is considered to be a sign of lazy losers.

독해 문제를 풀 때 *paraphrasing*이 중요하다고 했어. 본문과 같은 내용을 다른 표현으로 영작하는 훈련이지. 요약할 때도 *paraphrasing*은 매우 중요해. 지문에 있는 영어 문장을 그대로 베껴서 요약하면 좋은 발표 점수를 기대하기 어렵거든. 그럼 *drill*을 통해 *paraphrasing* 연습을 해 볼까?

Set1 다음 문장들을 unscramble해서 완성하세요.

ⓐ which can sometimes / this / endanger their health / makes people / go on extreme diets,

_____

ⓑ but these celebrities / us a distorted idea / often give / of beauty

_____

ⓒ many people / as slender as / want to be / the models and / actresses they see on tv

_____

→ 위 세 문장을 이야기 전개 순서대로 정렬하세요.

_____ → _____ → _____

　　지문의 첫 문단을 *paraphrasing*하는 훈련이야. ⓐ의 답은 "*This makes people go on extreme diets, which can sometimes endanger their health.*"야. ⓑ는 "*But these celebrities often give us a distorted idea of beauty.*"가 답이지. ⓒ는 "*Many people want to be as slender as the models and actresses they see on TV.*"가 돼. 이렇게 마구 뒤섞였던(*scrambled*) 문장을 정돈해서 얻은 3개의 문장을 *c, b, a* 순서로 정렬하면 첫 *summary*가 완성되지.

> Many people want to be as slender as the models and actresses they see on TV. But these celebrities often give us a distorted idea of beauty. This makes people go on extreme diets, which can sometimes endanger their health.

Set2 다음 문장들을 unscramble해 완성하세요.

ⓐ there are more / on the other hand, / obese people today, / especially in the us

_____

ⓑ die of diseases / every year, / over 100,000 Americans / related to obesity

_____

ⓒ excessive / and lack of physical activity / food intake / are the main / causes of obesity

_____

→ 위 세 문장을 이야기 전개 순서대로 정렬하세요.

_____ → _____ → _____

Set 2는 문단 2를 *paraphrasing*한 내용이야. ⓐ의 답은 "*On the other hand, there are more obese people today, especially in the U.S.*" ⓑ를 풀면 "*Every year, over* 100,000 *Americans die of diseases related to obesity.*"라는 문장이 완성돼. ⓒ는 "*Excessive food intake and lack of physical activity are the main causes of obesity.*"가 되지.

이렇게 순서를 바로잡는 연습을 하면 자연스럽게 *paraphrasing* 실력도 좋아지게 될 거야. *set* 2는 문제에 제시된 그대로 *a, b, c*의 순서야.

> On the other hand, there are more obese people today, especially in the U.S. Every year, over 100,000 Americans die of diseases related to obesity. Excessive food intake and lack of physical activity are the main causes of obesity.

Set3 다음 문장들을 unscramble해 완성하세요.

ⓐ it is considered / however, nowadays, / of lazy losers / to be a sign

_____

ⓑ was a symbol / in ancient times, / being fat / of wealth

_____

ⓒ strict dieting / can be treated / only through / and exercise programs / it _____

→ 위 세 문장을 이야기 전개 순서대로 정렬하세요.

_____ → _____ → _____

세 번째 문단을 정렬하기 위해 먼저 문장을 정리하면 ⓐ는 "*However, nowadays, it is considered to be a sign of lazy losers.*"로 문장이 완성돼. ⓑ는 "*In ancient times, being fat was a symbol of wealth.*"가 되지. ⓒ는 "*It can be treated only through strict dieting and exercise programs.*"이야. 이 문장들을 *c, b, a* 순으로 정렬하면 다음과 같이 완성될 거야.

It can be treated only through strict dieting and exercise programs. In ancient times, being fat was a symbol of wealth. However, nowadays, it is considered to be a sign of lazy losers.

이렇게 완성된 문단을 연결하면 전체 *summary*를 만들 수 있어.

Many people want to be as slender as the models and actresses they see on TV. But these celebrities often give us a distorted idea of beauty. This makes people go on extreme diets, which can sometimes endanger their health.
On the other hand, there are more obese people today, especially in the U.S. Every year, over 100,000 Americans die of diseases related to obesity. Excessive food intake and lack of physical activity are the main causes of obesity.
It can be treated only through strict dieting and exercise programs. In ancient times, being fat was a symbol of wealth. However, nowadays, it is considered to be a sign of lazy losers.

100 단어가 조금 넘는 이 *summary*를 외워서 약 60초 동안 발표하

면 *speaking*할 때 상당히 높은 수행평가 점수를 받을 수 있을 거야. 이미 공부한 영어 지문을 요약해서 발표하면 그 내용이 머릿속에 잘 남기 때문에 말하기 연습의 효과도 커지게 돼. 사실 읽은 내용을 요약하고 발표하는 것이 최고의 *speaking* 훈련이거든. *Fighting*!

1. 앞에서 공부한 것처럼 다음 문장을 영작해 보자.

① 그러나 이러한 유명인들은 종종 아름다움에 대한 왜곡된 생각을 준다.

_____

② 매년 10만 명이 넘는 미국인들이 비만 관련 질환으로 사망한다.

_____

③ 고대에는 뚱뚱하다는 것이 부의 상징이었다.

_____

정답

① However, these celebrities often give us distorted ideas about beauty

② Every year, more than 10,000 Americans die of diseases related to obesity

③ In ancient times, being fat was a symbol of wealth

수행평가 Summary 발표 연습 2

좋은 친구는 어떤 친구일까?

좋은 친구는 어떤 특징을 가지고 있을까 생각해 본 적 있니?
이 주제에 관한 지문을 요약해 발표하라면 만만하겠지.
해당 주제에 관련된 3부의 어휘를 잘 사용하면서 멋지게 요약해 볼까?

학습 키워드 #중학교어휘 #고등학교어휘 #22년교육과정어휘
교과 연계 중학교 〉 쓰기

일단 4부 독해 첫 주제 '*The Qualities of a Good Friend*'에 관한 지
문을 다시 한번 큰 소리로 읽어 봐.

Daniel is a teenager and spends most of his time with his friends.
He can't imagine his life without them. Yet, he knows that there
are different degrees of friendship. With some, he just plays
games with and talks about their favorite celebrities. With others,
however, Daniel shares his worries and even personal secrets.
Like Daniel, we all have different kinds of friends. What we often
miss is true friendship with good friends. Then what are the
qualities of a good friend?
To start with, a good friend is honest and caring. He tells you

what he really thinks about something. This way you can learn what he is like based on his real image and opinions. Some people don't give you the right advice because they don't want to be considered rude. Good friends, however, tell you their honest opinions because they care about you.

In Daniel's case, he shares most of his secrets and worries with Richard and Kevin. They always tell him what they really think about a situation. Daniel knows that he can count on them at any time. He is happy to have such honest, caring, and supportive friends around.

잘 기억나지 않는 단어는 표시하고 복습해야겠지. 이제 지문을 *paraphrasing*을 하면서 요약해 볼까?

Set1 다음 문장들을 unscramble해 완성하세요.

ⓐ not all / but / friends / are the same

_____

ⓑ without friends / especially teenagers, / cannot imagine life / people,

_____

ⓒ there are / just enjoy / friends with whom we / hanging out

_____

→ 위 세 문장을 이야기 전개 순서대로 정렬하세요. _____ → _____ → _____

지문의 첫 문단을 *paraphrasing*하는 훈련이야. ⓐ의 답은 "*But not*

all friends are the same."이야. ⓑ는 "*People, especially teenagers, cannot imagine life without friends.*"가 답이지. 마지막으로 ⓒ를 풀면 "*There are friends with whom we just enjoy hanging out.*"가 돼. 이렇게 마구 뒤섞였던(*scrambled*) 문장을 정돈해서 얻은 3개의 문장을 ⓑ, ⓐ, ⓒ 순서로 정렬하면 첫 *summary*가 완성되지.

> People, especially teenagers, cannot imagine life without friends. But not all friends are the same. There are friends with whom we just enjoy hanging out.

Set2 다음 문장들을 unscramble해 완성하세요.

ⓐ our worries / with others, we / can talk about / personal secrets / and even share

_____

ⓑ then, / the qualities / what are / of a good friend?

_____

ⓒ about you / first, a good friend / is not afraid / of being honest / because they care

_____

→ 위 세 문장을 이야기 전개 순서대로 정렬하세요. _____ → _____ → _____

Set 2는 문단 2를 *paraphrasing*한 내용이야. ⓐ의 답은 "*With others, we can talk about our worries and even share personal secrets.*"야. ⓑ를 풀면 "*Then, what are the qualities of a good friend?*"라는 문장이 완

성돼. 마지막 ⓒ는 *"First, a good friend is not afraid of being honest because they care about you."*가 되지. *set* 2는 문제에 제시된 그대로 ⓐ, ⓑ, ⓒ의 순서야. 정렬하면 다음과 같아.

> With others, we can talk about our worries and even share personal secrets. Then, what are the qualities of a good friend? First, a good friend is not afraid of being honest because they care about you.

Set3 다음 문장들을 unscramble해 완성하세요.

ⓐ they will / even if it may / the right advice / sound rude / give you

_____

ⓑ with you, especially / also, a good friend / when you are / in trouble / is always

_____

ⓒ not a good friend / someone who / in good times is / is with you only

_____

→ 위 세 문장을 이야기 전개 순서대로 정렬하세요. _____ → _____ → _____

　세 번째 문단을 정렬하기 위해 먼저 문장을 정리하면 ⓐ는 *"They will give you the right advice even if it may sound rude."*로 문장이 완성돼. ⓑ는 *"Someone who is with you only in good times is not a good friend."*가 되지. ⓒ는 *"To sum up, a good friend is someone you can turn to for advice and support."*야. 이 문장들을 역시 ⓐ, ⓑ, ⓒ 순으로

정렬하면 다음과 같이 마지막 문단이 완성돼.

> They will give you the right advice even if it may sound rude.
> Someone who is with you only in good times is not a good friend.
> To sum up, a good friend is someone you can turn to for advice
> and support.

이렇게 완성된 문단을 연결하면 다음과 같이 전체 *summary*가 작성되지.

> People, especially teenagers, cannot imagine life without friends.
> But not all friends are the same. There are friends with whom we
> just enjoy hanging out.
> With others, we can talk about our worries and even share
> personal secrets. Then, what are the qualities of a good friend?
> First, a good friend is not afraid of being honest because they
> care about you.
> They will give you the right advice even if it may sound rude.
> Someone who is with you only in good times is not a good friend.
> To sum up, a good friend is someone you can turn to for advice
> and support.

그럴듯한 *summary*가 완성됐지. 처음에는 외워서 발표하는 것이 부담스럽지만 차차 자연스러워지고 암기할 수 있는 길이도 늘어날 거야. 3, 4부에서 공부했던 단어들을 발표를 통해 또 만나니까 *speaking* 실력뿐 아니라 어휘 실력까지 같이 쑥쑥 클 거야.

1. 앞에서 공부한 것처럼 다음 문장을 영작해 보자.

① 그는 친구 없는 인생을 상상할 수 없다.

_____

② 우리는 모두 다른 종류의 친구를 가지고 있다.

_____

③ 일단 좋은 친구는 솔직하고 배려해 준다.

_____

정답

① He can't imagine his life without friends.

② We all have different kinds of friends.

③ To start with, a good friend is honest and caring.

수행평가 Summary 발표 연습 3

색의 정서적 영향과 문화적 해석의 차이

앞 독해 파트에서 색에 대한 해석은 문화마다 다르다고 배웠어.
그뿐만 아니라 색은 기분에도 큰 영향을 준다고 읽었지.
이 오묘한 색의 세상으로 다시 들어가 볼까?

학습 키워드　#중학교어휘 #고등학교어휘 #22년교육과정어휘
교과 연계　중학교 > 쓰기

먼저 앞에서 배웠던 'Colors Matter' 지문을 소리 내어 다시 읽어 보자.

Do you feel anxious in a yellow room? Does the color blue make
you feel calm and relaxed? Of course, your feelings about color
are very personal and affected by your experience and culture.
For example, in many Western countries, the color white
represents purity and innocence. But in Eastern countries, it is
seen as a symbol of death and is used in funerals.
Yet, there are some color effects that have universal meanings.
Colors close to red are known as warm colors. They cause such
feelings as warmth, comfort, and even anger. Colors on the blue
side, on the other hand, are related to calm, sad, and even

depressive emotions.

One study found that warm-colored placebo pills were more effective than cool-colored ones. Colors seem to have some effects on test results, too. Students exposed to red before an exam got lower test scores. However, the same color seems to have the opposite effect on athletes. Researchers discovered that the color red causes players to react with greater speed and force. If you know how to use colors effectively, you may get better results from what you do. After all, it seems that colors matter!

낯선 단어들은 당연히 복습해야지. 그럼 이제는 지문을 *paraphrasing*을 하면서 요약해 볼까?

Set1 다음 문장들을 unscramble해 완성하세요.

ⓐ our personal feelings / vary by culture / about color / and experience

_____

ⓑ some colors / however, / have / around the world / similar meanings

_____

ⓒ for example, / purity in the west / but death / in the east / white means

_____

→ 위 세 문장을 이야기 전개 순서대로 정렬하세요. _____ → _____ → _____

지문의 첫 문단을 *paraphrasing*하는 훈련이야. ⓐ의 답은 "*Our per-*

sonal feelings about color vary by culture and experience."이야. ⓑ는 "*However, some colors have similar meaning around the world.*"가 답이지. 마지막으로 ⓒ를 풀면 "*For example, white means purity in the West and death in the East.*"가 돼. 이렇게 마구 뒤섞였던 문장을 정돈해서 얻은 3개의 문장을 ⓐ, ⓒ, ⓑ 순서로 정렬하면 첫 *summary*가 완성되지.

> Our personal feelings about color vary by culture and experience. For example, white means purity in the West and death in the East. However, some colors have similar meaning around the world.

Set2 다음 문장들을 unscramble해 완성하세요.

ⓐ examples of these / are red and blue, / which cause / and sadness respectively / the feelings of warmth

_____

ⓑ color therapy / ancient cultures / used / diseases / to cure

_____

ⓒ in particular, / was believed / color blue / to be effective / in relieving pain

_____

→ 위 세 문장을 이야기 전개 순서대로 정렬하세요. _____ → _____ → _____

*Set2*는 문단 2를 *paraphrasing*한 내용이야. ⓐ의 답은 "*Examples of these are red and blue, which cause the feelings of warmth and sadness respectively.*"야. ⓑ를 풀면 "*Ancient cultures used color therapy to cure*

diseases."라는 문장이 완성돼. 마지막 ⓒ는 "*In particular, color blue was believed to be effective in relieving pain.*"이 되지. *set* 2는 문제에 제시된 그대로 ⓐ, ⓑ, ⓒ의 순서야. 정렬하면 다음과 같아.

> Examples of these are red and blue, which cause the feelings of warmth and sadness respectively. Ancient cultures used color therapy to cure diseases. In particular, color blue was believed to be effective in relieving pain.

Set3 다음 문장들을 unscramble해 완성하세요.

ⓐ wearing red / interestingly, / showed better / athletes / performance

_____

ⓑ like this, / knowing how / to use colors effectively / achieve better results / may help you

_____

ⓒ because students exposed to red / colors / seem to affect / test results, too, / usually get lower scores

_____

→ 위 세 문장을 이야기 전개 순서대로 정렬하세요. _____ → _____ → _____

세 번째 문단을 정렬하기 위해 먼저 문장을 정리하면 ⓐ는 "*Interestingly, athletes wearing red showed better performance.*"로 문장이 완성돼. ⓑ는 "*Like this, knowing how to use colors effectively may help you achieve better results.*"가 되지. ⓒ는 "*Colors seem to affect test results, too, because students exposed to red usually get lower scores.*"야. 이 문장들을 ⓒ, ⓐ, ⓑ, 순으로 정렬하면 다음과 같은 마지막 문단이 완성돼.

> Colors seem to affect test results, too, because students exposed to red usually get lower scores. Interestingly, athletes wearing red showed better performance. Like this, knowing how to use colors effectively may help you achieve better results.

이렇게 완성된 문단을 연결하면 다음과 같은 *summary*가 작성되지.

> Our personal feelings about color vary by culture and experience. For example, white means purity in the West and death in the East. However, some colors have similar meaning around the world.
> Examples of these are red and blue, which cause the feelings of warmth and sadness respectively. Ancient cultures used color therapy to cure diseases. In particular, color blue was believed to be effective in relieving pain.
> Colors seem to affect test results, too, because students exposed to red usually get lower scores. Interestingly, athletes wearing red showed better performance. Like this, knowing how to use colors effectively may help you achieve better results.

이제 *summary* 완성도 할만 하지? 큰 소리로 여러 번 읽어 보면 어휘와 말하기란 두 마리 토끼를 동시에 잡을 수 있을 거야. 아자! 아자!

1. 앞에서 공부한 것처럼 다음 문장을 영작해 보자.

① 보편적 의미를 갖는 일부 색의 효과들이 있다.

_____

② 색이 시험 결과에 어느 정도 영향을 미치는 것 같다.

_____

③ 결국 색은 중요한 것 같다!

_____

정답

① There are some color effects that have universal meanings.

② Colors seem to have some effects on test results.

③ After all, it seems that colors matter!

수행평가 발표
어렵지 않아요

자유 주제로 발표하기

한 주제에 대해 영어로 1분 동안 발표하기란 쉬운 게 아니야. 학교에서도 이러한
topic-based presentation을 말하기 수행평가로 하는 경우가 자주 있지.
어떻게 대비해야 하는지 함께 알아볼까?

학습 키워드 #중학교어휘 #고등학교어휘 #22년교육과정어휘

교과 연계 　중학교 〉 쓰기

Topic

다음 주제를 읽고 어떤 입장을 선택할지 고민해 보자.

> Some people spend their entire lives in one place. Others
> move a number of times throughout their lives looking for a
> better job, house, community, or even climate. Which lifestyle
> do you think is better for you and why? Include details and
> examples in your explanation.
>
> 어떤 사람들은 평생을 한곳에서 보낸다. 또 다른 사람들은 더 나은 직장, 주택, 공동체, 심지
> 어 기후를 찾아 평생에 걸쳐 여러 번 이사를 다닌다. 이 두 가지 생활 방식 중 당신은 어떤 것
> 이 더 낫다고 생각하며 그 이유는 무엇인가? 구체적인 내용과 예시를 포함하시오.

Key Ideas

다음 *key idea*에 자신의 생각 한두 개를 추가해 보자.

Staying in one place (한곳에 산다)

– 안정감이 있다.

– 이웃이나 지역 사회와 유대감이 생긴다.

– 이사에 수반되는 비용과 스트레스를 줄일 수 있다.

Moving around (이동한다)

– 다양한 경험을 할 수 있다.

– 보다 좋은 집을 찾을 수 있다.

– 언제나 삶을 새롭게 시작하는 기분을 느낄 수 있다.

Vocabulary Brainstorming

이 주제와 관련된 영어 표현을 소리 내어 읽으며 외워 보자.

이사하다 move, move around

정착하다 settle down, stay in one place

경험 experience

관습 custom

문화 culture

장기적 관계 long-term relationship

지역 사회 local community

다양한 diverse

참여하다 get involved in

Basic Expressions

주제와 관련된 기본 문장을 *tip*을 참고하여 영작해 보자.

1. 이곳저곳으로 이사하는 것보다 한곳에 머무는 것에 여러 가지 장점이 있다.

_____

tip ~하는 것에 장점 advantage to ~ing 단점(disadvantage) to ~ing를 받는다.
~하는 대신에 instead of 이곳 저곳으로 이사하다 move around, move from place to place

2. 한 장소에 정착함으로써 이웃들과 장기적인 관계를 쌓을 수 있다.

_____

tip ~함으로써 by ~ing로 처리, 한곳에 정착하다 settle down in one place, ~와 관계를 쌓다
develop, establish relationships with, 장기적인 long-term, 단기적인 short-term

1번은 "*There are several advantages to staying in one place instead of moving around.*"로 영작할 수 있어. 장점과 단점은 한 쌍으로 익혀 두면 좋아. 물론 쉽게 *good and bad points*라고 해도 괜찮아.

2번은 "*By settling down in one place, one can develop long-term relationships with the neighbors.*" 정도로 영작할 수 있어. 주어진 *tip*을 이용하면 영작이 조금 쉬워질 거야. 유의어 표현들도 같이 익혀 두면 나중에 도움이 되겠지.

3. 이것은 지역 사회 활동에 참여하는 것을 의미한다.

_____

tip A는 B를 의미한다 A means B, A translates into B, A can be interpreted as B,
~에 참여하다 get involved in, take part in, participate in (모두 전치사 in이 들어감)

4. 한곳에 사는 것은 덜 비싸고 스트레스를 덜 준다.

_____

tip 한곳에 사는 것 living in one place

5. 이사하는 것은 나를 새로운 사람들, 문화, 생활방식에 노출시킬 것이다.

---

tip A는 B를 C에 노출시킨다. A exposes B to C 보통은 수동태로 B is exposed to C by A형태로 많이 쓰지만, 능동으로도 쓸 수 있음.

3번은 "*This means getting involved in local community activities.*" 라고 하면 돼. *this*를 이용하면 앞 문장 내용을 자연스럽게 연결하는 효과를 낼 수 있지. *means* 뒤에 동명사를 쓰면 문장이 간결해질 거야.

4번은 "*Living in one place is less expensive and stressful.*" 정도로 쓰면 돼. 동명사 *living*이 주어라서 동사는 단수 *is*로 써야 하지. 영어 글쓰기의 기본은 적합한 어휘와 정확한 문법의 사용이야.

5번은 "*Moving would expose me to new people, cultures, and life-styles.*"이 예시 답안이야. 다양한 사람들, 문화, 생활방식을 뜻하기 때문에 복수로 써야겠지? 영어는 한글보다 명사의 단ㆍ복수를 더 정확하게 구분해서 써야 해.

6. 여러 가지 이유로 나는 다른 장소에 사는 것을 즐긴다.

---

tip ~하는 것을 즐기다, 좋아하다 enjoy ~ing (enjoy 다음엔 꼭 동명사 목적어를 써 준다), 장소 places, locations, environment, setting, 여러 가지 이유로 for a number of reasons (이유 앞에는 전치사 for)

---

7. 이것 때문에 나는 다양한 경험을 얻고 다른 사람들을 만날 수 있다.

---

tip 'A 때문에 B는 C를 할 수 있다' A allows B to do C / thanks to A, B can do C 등으로 표현할 수 있다.

6번은 "*I enjoy living in different locations for a number of rea-sons.*"라고 쓰면 돼. *enjoy* 뒤에는 *to* 부정사가 아니라 동명사만 목적어

로 올 수 있기 때문이야. 여러 장소와 이유이기 때문에 복수로 써야 하지.

　7번은 "*It allows me to have diverse experiences and to meet different people.*"이라고 하면 돼. 앞 내용의 반복을 피하는 좋은 장치로 대명사 *it*을 써 봐. 영어는 한글보다 반복을 싫어하거든. 이렇게 완성된 문장들을 사용해서 *presentation*을 완성하면 다음과 같아.

Presentation

Today I am going to talk about whether to live in one place or to move around from place to place. I think there are several advantages to staying in one place. First, by settling down in one place, I can develop long-term relationships with the neighbors. This means getting involved in local community activities. Such lasting relationships can make my life healthier and happier. Besides, living in one place is less stressful. Of course, moving would expose me to new people, cultures, and lifestyles. However, I am not a type of person who enjoys getting such diverse experiences. I find meeting a lot of different people somewhat stressful. In conclusion, for these reasons, I prefer living in one place to moving around.

　꽤 그럴듯한 *presentation*이 완성되었어. 큰 소리로 여러 번 읽어 본 뒤 녹음해 보자. 스스로 녹음한 *presentation*을 듣고 수정해 나간다면 발음을 효과적으로 개선할 수 있을 거야.

1. 앞의 presentation을 참고해 발표문에 들어가는 기본 표현들을 영작해 보자.

① 도입 부분: '오늘 나는 ~에 대해 말하겠습니다.'

_____

② 이유 나열 부분: '첫째로, 두 번째로, 게다가, 마지막으로'

_____

③ 결론 부분: '결론적으로, 이런 이유로 나는 A를 B보다 선호합니다.'

_____

정답

① Today I am going to talk about ~

② First/ Firstly, Second/ Secondly, Besides/ In addition, Last/ Lastly/ Finally

③ In conclusion / To conclude, for these reasons, I prefer A to B

BTS 리더 RM, 영어로 전 세계 팬과 소통하다

노래면 노래, 춤이면 춤, 거기에 영어까지 다 잘하는 BTS의 리더 RM! RM이 어떻게 영어 실력을 길렀는지 그 비밀을 알아보자.

What makes RM unique?

방탄소년단(BTS)을 모르는 사람은 아마 거의 없을 거야. 외국에서도 BTS를 모르는 사람이 거의 없을 정도로, 방탄소년단은 K-pop을 세계적인 음악 장르로 자리매김 하는 데 큰 역할을 했어. RM은 BTS의 멤버이자 리더인 김남준의 예명이야. '랩 몬스터(Rap Monster)'의 약자였는데, 최근에는 'Real Me'의 약자로도 불린대. RM은 래퍼이자 작사가, 작곡가, 프로듀서로 활약하고 있어. RM은 영어를 잘하는 BTS 멤버로도 유명하지. 그룹이 인터뷰하거나 외국에 초청받아 연설할 때 유창한 영어로 사람들의 시선을 사로잡았어. RM은 영어 실력을 어떻게 길렀을까?

RM은 한국에서 초등학교, 중학교, 고등학교를 다닌 '한국 토박이'야. 그가 영어를 잘하게 된 계기는 어머니가 선물해 준 미국 시트콤 〈Friends〉 DVD 덕분이었대. RM은 그 DVD를 반복해서 봤는데, 처음에는 한글 자막을 켜 놓고 보다가 나중에는 자막 없이도 볼 수 있는 정도가 되었대. 앞에서 소개한 샤론 최가 말한 '덕질'을 영어로 한 셈이지. 정말 좋아하는 드라마라 계속 시청하다 보니 대사를 외울 수 있었겠지? 그래서 영어가 귀에 익었을 거고, 그렇게 영어 실력이 키워지지 않았을까? 〈더 알고 싶어 119〉 참고 동영상을 보면 RM이 미국의 '엘런쇼'에 나와서 어떻게 영어를 배웠는지 이야기하니까 꼭 한 번 찾아봐.

RM은 지금도 꾸준히 영어를 공부하고 있어. 한 인터뷰에서 "매일 외국 뉴스나 영자 신문을 보고 있어요. 철학에도 관심이 많아서 요즘은 소크라테스나 까뮈의 책을 영문으로 읽고 있지요."라고 밝히기도 했어. 915점이라는 높은 토익 점수는 그런 노력 덕분인 것 같아. 영어 '덕질'과 영어 생활화가 맺은 결실이라고나 할까?

What is affective filter?

이 책에 소개된 5명의 유명인에게는 공통점이 있어. 영어를 배운 방식에 비슷한 점이 있다는 거야. 그들은 영어를 지겹게 암기해야 하는 시험 과목이 아니라 재미와 의사소통의 수단으로 여겼어. 그들이 그럴 수 있었던 것은 영어가 아니라 영어로 얻는 내용에 집중했기 때문일 거야. 그래서 지치지 않고 영어를 꾸준히 익힐 수 있었겠지. 그들의 'affective filter(정서적 여과)'가 매우 낮았다는 것도 공통점이야. affective filter의 수준을 결정하는 세 가지 요소는 동기부여, 자신감, 초조함이야. affective filter가 높을수록 외국어 학습 효과가 낮아진다고 해. 거꾸로, affective filter가 낮을수록 외국어 학습 효과는 높아지겠지? 이 책에 소개한 다섯 명은 모두 affective filter가 매우 낮다는 특징이 있어.

강경화 전 외교부 장관, 샤론 최, RM은 좋아하는 대상을 영어로 꾸준히 접했다는 공통점이 있어. 재미가 있으면 영어 학습에 대한 동기부여가 높았겠지? 배우 윤여정과 마윈은 영어로 말할 때 실수에 대한 두려움이 없었어. 그래서 영어에 대한 자신감은 강해지고 초조함은 약해졌던 거야. 그 결과 affective filter가 낮아지면서 영어 학습력이 높아졌다고 볼 수 있어.

너희도 affective filter를 최대한 낮추기 위해 노력해 봐! 좋아하는 내용을 영어로 접하면서 영어 학습에 대한 동기부여를 높이는 거야. 유튜브와 인스타 덕분에 편하게 영어 콘텐츠를 볼 수 있는 세상이 되었어. 내용에 몰입하다 보면 지금보다 더 어려운 내용도 이해할 수 있을 거야. 그러면 영어 자신감이 높아질 거고 '영어 울렁증'도 조금씩 줄어들겠지? 그 결과 affective filter는 낮아질 거고 영어 실력은 높아질 거야. 이 책도 너희의 affective filter를 낮추는 데 도움을 줄 거야. 이 책에 실린 내용을 충실히 공부한다면 영어 시험을 잘 볼 거고, 영어에 대한 자신감과 학습에 대한 동기부여도 높아질 테니까 자연스럽게 영어에 대한 불안감과 초조함은 줄어들겠지. 그러다 보면 너희도 이 책에 소개한 다섯 명처럼 낮은 affective filter로 높은 영어 실력을 달성할 수 있을 거라 믿어.

👍 **더 알고 싶어 119**

 📖 도서   ▶영상   🔍 사이트

🔍 "BTS RM, 그래서 뽐낸 영어실력…'토익 900점대' 공부 비결은?" (머니투데이)

▶ 엘런 쇼에서 영어를 어떻게 배웠는지 말하는 동영상